问津文库

天津记忆第八种
主编 王振良

津沽漫记

日本人笔下的天津

万鲁建 编译

天津出版传媒集团
天津古籍出版社

图书在版编目（CIP）数据

津沽漫记：日本人笔下的天津 / 万鲁建编译. --
天津：天津古籍出版社，2015.1
（天津记忆 / 王振良主编）
ISBN 978-7-5528-0292-4

Ⅰ.①津… Ⅱ.①万… Ⅲ.①天津市－地方史－史料
－近代 Ⅳ.①K292.1

中国版本图书馆CIP数据核字(2014)第277211号

津沽漫记：日本人笔下的天津

万鲁建 编译

出版人 / 张玮

*

天津古籍出版社出版

（天津市西康路35号 邮政编码：300051）

http：//www.tjabc.net

今晚报社印刷厂印刷

全国新华书店发行

开本 880×1230 毫米　1/32　印张 8.5　字数 200 千字
2015年1月第1版　2015年1月第1次印刷

ISBN 978-7-5528-0292-4

定 价：39.00元

序 言

刘海岩

如果说，以文字记述的历史资料，是城市记忆的一种主要形式，那么，游记、纪实、日记、信件、见闻录等，应当是最值得关注的资料了。因为这些资料，大都出自历史亲历者的笔下，而且多是实时的记录，不是事后的追记。

近年来，随着这方面历史资料越来越多的出版，其价值也引起学者们的更多关注。近代来华外国人笔下的记述，西方的传教士、商人、官员、记者、学者等等，还有那些常年居住在中国，甚至在中国出生长大的侨民，他们出版的旅行记、传记、回忆录等等，正成为研究社会史、文化史、城市史的重要史料。

出自来华日本人之手的此类资料，相对较晚引起史学界的重视。其实，就数量而言，日本人留下的游记、纪实、日记、信件、见闻录、地志等等，可能比欧美人要多出许多。以游记为例。1980年日本东洋文库出版的《明治以降日本人的中国旅行记解题》一书，收录了藏于东洋文库的中国游记达四百余种。该书的前言中说，明治以后日本出版的中国旅行记数量非常之多，东洋文库所藏只是九牛一毛而已。

中国学术界亦有专注研究、翻译这些日本人的游记,并付诸出版者,其中最有影响的当属中华书局推出的"近代日本人中国游记丛书"。这套丛书,从2007年开始,至今已经出版了十余种。

近代天津,作为日本人来往最多的大城市,不仅设有日租界,而且还有多国租界形成的国际化环境。从1875年,日本共同运输公司开通了日本—芝罘—天津—牛庄之间的不定期航线,此后,日本与天津之间,有了固定的海上航线。20世纪初,大阪商船会社每六天便有一班轮船往来于大阪和天津之间。这种交通的便利,吸引了更多的日本人前来华北和天津。

来天津的日本人,有的是求学工作,有的是观光旅游,有的则是受官方或民间组织机构的委派,来华从事调查、研究甚或搜集情报。从清末直到20世纪三四十年代,在天津发生的国际事件乃至战争,更导致大量日本人以不同的身份和角色前来。他们将亲闻亲见,以各种形式记录下来。这些记录下的私人资料,大多归入各类档案收藏,也有不少公开出版。这便是我们现在能看到的,许多日本个人历史资料出版的历史背景。

鲁建近年一直在做天津日租界和日本侨民社会的研究,搜集了大量日文资料,除了档案之外,还有不少出自日本人个人笔下的资料。多年的累积,筛选,翻译整理,便有了现在这本《津沽漫记:日本人笔下的天津》。

翻阅这些资料,涵盖年代从19世纪末到20世纪40年代,从多样的体裁,到丰富的内容,都使这本游记具有鲜明的特色。一是视角的新颖。相对于城市的中国居民而言,这些乘坐轮船而来的日本人都属于"他者"。阅读他们的记述,总会有一种感觉,就是视角的不同。来自异域文化和社会背景的外国人，进入中国城市，他所关注到的人与物，他对所见所闻的记述和评论，与当地的中国居民，与中国文人的记述，会多有不同。这本资料一共收集了20篇，另有2篇附录，作者有政治家、教官、商人、学者、宗教家、作家、军队画家、诗人以及学生等等。他们来到天津，或短期调查、旅游，或长期工作、学习。不同的文化背景和旅行目的，不同的个人兴趣，都使得他们记录下的所见所闻，所思所想，显得如此的丰富多彩，为我们提供了新鲜的历史资料。

再有就是注重细节。注重细节是日本人的文化习惯，当他们旅行考察时，自然会把这种文化习惯融入他们的观察之中。阅读日本人的游记、信件、日记等等，他们细致入微的观察，会给你留下很深的印象。现代的历史研究，尤其是社会史、城市史的研究，关注细节是一种研究趋向。阅读这本外国人笔下的天津游记，你一定会为作者对各种细节的描述所吸引，这就是此类资料的魅力所在，也是它所具有的鲜明史料价值。

鲁建邀我作序，使我得以先睹为快。读起这些生动的史料，马上就被吸引住了。读罢全书，便有不少的收获和心得，写下这篇阅读体会，送给鲁建作为序言。

目 录

序 / 刘海岩 ……………………………………… 001
前言 ……………………………………………… 001
一、天津漫游记 ………………………………… 001
    天津之行 …………………………………… 002
二、北清观战记 ………………………………… 005
    大沽的舰船 ………………………………… 006
    大沽的炮台 ………………………………… 006
    西沽的市街 ………………………………… 008
    白河夜景 …………………………………… 009
    日美兵的亲睦 ……………………………… 009
    各国在西沽的势力 ………………………… 010
    俄国管理的铁路 …………………………… 011
    天津市区的惨状 …………………………… 011
    白河的御用船 ……………………………… 014
    北仓的守备队 ……………………………… 016

白河沿岸的惨状	017
杨村的景况	018
白河的船中生活	020
再次在白河船中生活	021
战后的天津紫竹林	022
日本居留地	022
战后的天津城	023
都统衙门的民政	025
东西八大强国之联军	027
法意两军的暴行	028
北门外的酒楼和艺妓	029
天津火车站的战场	031
大沽解缆	032
附：北清战地地志	033
战地概说	033
大沽及塘沽	037
天津城及其居留地	039
天津北京间的通道	043
白　河	044
北　仓	045
杨　村	046
河西务	047
马头、张家湾	047

三、沽上集 049

天津的现状——登陆困难	050
天津的过去——白河浊流	051
天津将来的贸易	051
卫嘴子	052
紫竹林的繁荣	053
紫竹林的发达	053
现在的紫竹林	054
日本租界是否方便	054
天津城——城池的得失	055
天津的语言	056
天津的设备	056
关于天津的诗歌	057
津钱的计算法	058
独流镇和长发贼	059
天津的饭馆子	060
长芦盐	061

四、北清见闻录 … 069

大沽港	070
天津门户	070
塘沽	071
车站	072
天津车站	073

五、天津的两晚 … 075

| 白河之岸 | 076 |

餐桌上的眼泪 ················ 077
　　他乡的雏妓 ·················· 078
六、津门游记录 ················ 083
　　入住宾馆 ···················· 084
　　从贸易上看天津的价值 ······ 085
　　李公祠 ······················ 087
　　夹竹桃之花 ·················· 088
　　白河帆影 ···················· 088
　　塘沽和大沽 ·················· 089
七、天津五日记 ················ 091
八、天津考察记 ················ 097
　　支那人是蔑称 ················ 098
　　船津总领事 ·················· 099
　　白河与天津港 ················ 100
　　日本人俱乐部的宴会 ·········· 101
　　天津的地位和将来 ············ 101
　　排日的主战场 ················ 102
九、商人天津行 ················ 103
　　白河溯航 ···················· 104
　　到达天津 ···················· 104
　　参观天津交易所 ·············· 106
　　高官的烟赌 ·················· 107
　　鸡蛋三亿八千万枚 ············ 108
　　天然煤的功效 ················ 109

访问朝鲜银行天津支店 …………………………… 110
　　　参观骨粉工厂 ……………………………………… 111
　　　享受支那料理 ……………………………………… 112
　　　欣赏支那戏 ………………………………………… 113
　　　参观李公祠 ………………………………………… 114
　　　菜市场和抽签 ……………………………………… 115
　　　天津车站 …………………………………………… 117
　　　变换色调的乘客 …………………………………… 118

十、天津漫步记 ………………………………………… 119
　　　天　津 ……………………………………………… 120
　　　租　界 ……………………………………………… 120

十一、白河溯航 ………………………………………… 123
　　　白河溯航 …………………………………………… 124
　　　北疆博物院 ………………………………………… 129

十二、天津的感觉 ……………………………………… 133

十三、津门纪行录 ……………………………………… 137
　　　某某部队长 ………………………………………… 138
　　　到达天津 …………………………………………… 140
　　　租界文化 …………………………………………… 143
　　　天上的一对一厮杀 ………………………………… 146
　　　天津—北京 ………………………………………… 147

十四、天津风土记 ……………………………………… 151
　　　杂沓一瞥 …………………………………………… 152
　　　在市政府遗址 ……………………………………… 152

南开大学 ………………………………………… 153
十五、天津视察记 …………………………………… 155
十六、天津的租界 …………………………………… 159
十七、天津奇遇记 …………………………………… 163
十八、透视新天津 …………………………………… 169
　　天津之街 ………………………………………… 170
　　外国租界 ………………………………………… 171
　　天津的新闻出版界 ……………………………… 172
　　预防注射 ………………………………………… 173
　　外国人学校 ……………………………………… 174
　　从天津前往北京 ………………………………… 175
　　保安队 …………………………………………… 176
　　大沽港 …………………………………………… 177
　　租　界 …………………………………………… 178
　　北支的复活 ……………………………………… 182
　　天　津 …………………………………………… 183
　　第三次访问北支 ………………………………… 184
　　法国与英国 ……………………………………… 185
　　天津租界 ………………………………………… 186
　　租界封锁 ………………………………………… 198
　　天津的水灾 ……………………………………… 189
十九、天津通信录 …………………………………… 193
　　长城丸 …………………………………………… 194
　　塘　沽 …………………………………………… 197

  前往天津 …………………………………… 199
  车　站 ……………………………………… 201
  参观南开大学 ……………………………… 204
  高凌霨 ……………………………………… 206
  香月将军 …………………………………… 208
  战争之街 …………………………………… 209
二十、天津的来信 ……………………………… 213
  从大连到天津 ……………………………… 214
  天　津 ……………………………………… 217
  防共—自治 ………………………………… 222
  天津来信 …………………………………… 228
  物资、支那气质 …………………………… 229
  日本女性 …………………………………… 231
  事变与日本女性 …………………………… 233
  支那之女性 ………………………………… 236

附录 ……………………………………………… 239
一、天津旅行指南 ……………………………… 239
  塘沽·天津间　　　　　　　　　　　 240
  回来时从塘沽登船应注意的事项 ………… 241
  天　津　　　　　　　　　　　　　　 241
二、天津的风景 ………………………………… 245

  后记 / 万鲁建 …………………………… 249

前言

2005年，我进入天津社会科学院历史研究所工作，开始关注天津地方史。后来攻读博士期间，有幸去日本早稻田大学留学一年，在日本搜集了大量资料，其中有不少有关天津的游记、日记、见闻录等资料。这些资料的时间跨度是从19世纪末至20世纪40年代，比较清晰地反映了日本人眼中的天津形象。后来我有幸参与天津通史日文史料的编译工作，又陆续搜寻了不少这方面的资料。

这些游记、见闻录、实录、信件等的作者来自各个阶层，有学者、文人、随军记者、画家、商人，也有传教士和学生。有些人多次来津，且停留时间较长；有些人只是路过，在津时间不过一两天。但是他们各自从不同的视角，用不同的笔墨记录下了在天津的点滴。有对天津的观感，也有对天津历史的回顾和对未来的预测，更有日本人在津生活实况的描述，有些记载翔实，有些简略，但具有时代痕迹，蕴含着丰富的历史信息。

本书共收入20位作者的天津游记，另有2篇附录，共计20万余字，插图30余幅，另附有每位作者的简介以及节译所采纳版本之书影。

下面，我简单按照作者的身份分别予以介绍。首先是商人群体。中国自近代开港以来，首先来华的就是传教士和商人。他们早期对于天津的记载，尤其珍贵。最早的是中村作次郎，作为古董店老板、旧书商，为搜集古董和旧书于1898年来华，路过天津停留两天。所记为其在天津的遭遇，但却可以窥见一些日本人早期在津活动概况以及两国之交流。内藤久宽作为明治时代的实业家，来华的目的当然是考察中国各地的商机。他在天津停留的五天时间，会见在津中日各界人士，并考察在津日本人洋行和企业。还有关于1917年天津大洪水的一些情况。进入20世纪20年代，有服部源次郎和野村德庵两人，他们都于1925年来津。服部受朝鲜总督府嘱托，调查俄中水产贸易。野村德庵则是旅行兼考察。他们在天津考察和参观了日本工厂，并对比了中日企业经营方法之不同。当然也都感受到了中国文化。作为经济学家的商人栗本寅治，在1939年来津考察时，则遭遇了中国人卖女求生等事情。这些不同时期、不同商人的天津游记和观感，为我们刻画了昔日天津的不同侧面，也提供了日本人在津生存和商业活动的实况以及中日商业的竞争。

作为政治家群体，自1873年《中日修好条规》的谈判和签订起，就不断有政治家往来天津。坪谷善四郎作为政治家兼出版家，在义和团事变后不久游历中韩两国。他详细记载了事变后天津的毁坏惨况，以及日军在津的作战经过。书后还附有北清战地地志，记载了早期天津及周边郊县的情况。对于我们了解事变前后天津城的变迁，颇有益处。高濑敏德作为北京东文社的日本教官于1902年来华，前往北京时路过天津。他在旅途之中记下了对天津的观感。其中对于塘沽、天津车站的记载，以及对大沽港和天津所处地位的评价，都为我们观察天津提供了另一个视角。前田利定1912

年来华旅行时,考察了天津的地位和价值,参观了李公祠、桃花堤等地以及白河的风景。饭塚知信作为日本基层公务员,在中日战争爆发后,也曾来华视察战场,在天津待了几天。他在与当地日本驻屯军士兵聊天时,感受到了天津局势的紧张。表明日本虽然占领了天津,但局势并没有因此而稳定。

在来华旅行和考察的群体当中,文人和记者占据多数,尤其是中日战争爆发后,更是出现了很多御用文人和随军记者。早期或许多是出于个人目的,后期更多的具有一种政治任务。他们前往中国各地旅行、考察或进行战时报道,记录了他们眼中的中国景象。其中有不少人也来到了天津,留下了关于天津的记载。历史学家稻叶岩吉,从一个历史学家的眼光出发,追寻天津的历史,考察天津的现状,并预测天津的未来。作为诗人、词作家,小林爱雄于1908年来华旅行,在天津住过两晚。他在宴会上遇到的年轻日本妓女,让我们看到了日本人在津生活的另一面。文学家岸田国士,1937年作为《文艺春秋》杂志社特派员,前来华北战线视察,天津是其中一站。他与日本士兵交谈,观察中国人和外国租界,颇有文人之笔法和眼光。向井润吉作为美术家,也于1937作为陆军报道班成员来华,从事战争记录画的创作。在天津,他参观了日军轰炸后的天津特别市政府、南开大学,并用笔墨和油画记录了下来,本来为显示日本的赫赫战功,却也从另一方面证实了日军的残暴和对天津的破坏。作为儿童文学家、文艺评论家的福田清人,在1939年来华考察路过天津,当时正值日军封锁英法租界,他也亲身感受到了该事件给天津各界带来的紧张局面。学者长野郎长期在华生活,多次来津。他将各个时期在津的考察和见闻记录下来,为我们认识和观察当时的天津,提供了一个视角。日本记者山本实彦在中日战争爆发后来华考察。在天津,他参观了南开大学,访问了香月清司、高凌霨等中日两国的政治家,并以此观察战局的发展和今后中日两国关系的走向。评论家杉山平助也于1938来津考察。他通过天津来信的形式,实时记录了这一时期天津发生的大事,以及在津日本人的生活情况。

近代以来,日本各界都非常重视刺探中国和搜集资料。尤其是像汉口乐善堂、东亚同文会,更是派遣其学生到中国各地搜集情报。当然也有一些其他学校的学生来华游历和考察。例如1920年,就有东京高等商业学校东亚俱乐部的二十余名学生来中国各地游历,并将自己在中国各地的耳闻目睹记录下来。在天津,他们既与日本人交流,也考察天津所处的地位,以及对于天津排日情况的考察。东亚同文书院第三十四期生在1938年前来中国各地考察旅行,并将旅行杂记编纂成书。其中有一路学生来到天津,虽然所待时间不长,但是他们通过自己的观察,留下了日本占领下的天津景象。这些记录既是游记,也是情报,值得我们重视。

日本人宗教信仰繁杂,派别众多。除了遍地可见的神社外,还有很多佛教、基督教派别。天津日租界内建有天津神社、稻荷神社、天理教、金光教、本愿寺别院、曹洞宗观音寺、天津日本基督教会等神社或教会。1931年,长期致力于海外传教的宗教家中村正善来华考察。在天津逗留期间,他视察了天津日本基督教传教厅,并参观了北疆博物馆。其记录对于了解天津的日本基督教情况及博物馆业颇有帮助。

总之,这些游记、日记、见闻录等资料,不同程度反映了天津各方面的情况以及日本人在津活动的历史脉络,以及中日两国国民在战争爆发后的真实心态。这些记录可能存在偏颇,也可能记录错误,但是通过外国人的眼睛,重新审视过往的天津以及在这个城市生活的各国人,对于我们推动中日关系史、天津地方史、租界史、社会生活史,都是具有价值和意义的。

于是,我不揣浅陋,编译了这册资料集。在此需要说明的是,原文中有立场错误的地方,为了尊重原文,译者未作改动;文中出现的"北支""支那"等词,这是日方对中国的贬称,为了保持文献原貌,也都未做改动。这些相信读者都会明鉴。另有个别难解之处,译者还添加了少量注释,希望有助于读者理解。

一、天津漫游记

中村作次郎（1858—？），号好古堂主人，日本古董商，好古堂老板。著有《越中地理小志字引》（大桥甚吾，1886年版）、《好古堂一家言》（自刊本，1920年版）等书。清末民国时期，曾游历北京、天津、上海、苏州、杭州等地，调查古董生意的情况。

中村作次郎作为切偲会会员，1898年4月12日从东京出发，经朝鲜漫游中国，从芝罘登陆，漫游天津、北京，后南下至苏杭等地。来时与一个在天津领事馆担任翻译官的日本人同船。4月22日经芝罘在大沽登陆，23日离津前往北京。1899年1月8日曾在切偲会作了关于此次漫游的演讲。本文节译自中村作次郎著《支那漫游谈》（东京切偲会1899年版，小岛晋治监修《幕末明治中国见闻录集成 第三卷》，ゆまに书房1997年版）第17—22页。

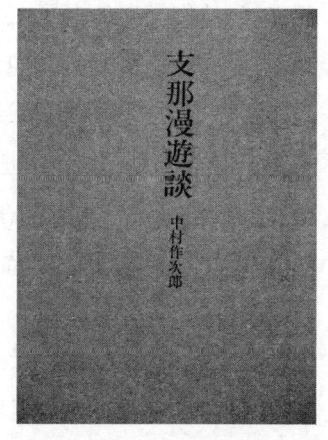

天津之行

一八九八年四月二十二日,我们从芝罘出海,第二天到达名为大沽的地方,此地有著名的大沽炮台。从这里去天津,要通过一个名为白河的河流。此河流至北京有九十九道弯,以前是一百道弯,后来由于少了一道弯,即去掉一字,故名白河。总之,这是一条非常迂回曲折的河流。

我乘坐的肥后丸,由于吃水深,无法从这个大沽炮台再往前行,需要从这里换乘其他船只溯白河而行。这里有英国人驾驶的小蒸汽船在做生意。于是,我决定和先前一起过来的四名外国人、四名日本人及支那人一起乘船溯白河而行。这艘船往来于各码头之间。白河下游极为宽广,右边全都是栈桥,这里可以停放安平、重庆等大船。登上这个栈桥,马上就有支那孩子拿着一个五尺长的竹扁担,前头弯曲,帮助我们挑着寄存的提包前行,去何处呢?我们跟在后面。他们将我们带到塘沽车站,并将行李卸了下来,我们给了他们十钱,他们高兴地走了。这个铁路是从山海关、塘沽到天津,再从天津通往北京,另一个方向最后通到满洲,然后与西伯利亚铁路相连。因此,西洋人和我们都还有一个小时的时间,各自举杯小酌。其间有人说火车到了,火车进入车站时,铁路雇佣的车夫也过来,并将我们的行李搬到车上。在我国,车夫只将行李装到车上,但是支那人,即便是很小的事,也都做得非常周到,很会做生意。在这里也要花上几分钱,但是这对旅客来说非常方便。

我本来不会汉语,来天津要找的是三井物产会社。三井物产会社是日语,别人听不懂。如果说"サンキン・ヤンハン"就行了。"サンキン・ヤンハン"是三井洋行的汉语发音。

到天津后，此地有人力车，具有浓厚的我国昔日之风。我让他把行李搬到车上，并说去"サンキン"。从此地到那儿需要经过五六条街道，还要渡过白河。到了三井物产会社门前，我又给了他十钱。由于我要找的是三井物产会社的经理吴永寿，便带着该公司的介绍信前往。但是此处没有一个日本人，只好询问支那负责人，他在纸上写上"吴永寿先生不在"并拿给我看。由于大家都不明白对方的话，全都以笔谈交谈。我问吴先生何时回来，他写到晚上六点左右能够回来。其后我又问您知道吴先生去哪儿了吗？他说知道，于是我就说我想要去找吴先生。支那人非常亲切，令人感动，马上给我雇车，并说我先上来给您当向导，然后招呼我上车。走了大约一里的路程，我们出了天津的居留地，又走了大约半里小路，看到一个大别墅风格的建筑。这个建筑有一个大门，一个支那人穿着印有三井标志的支那服，非常规矩地站在门口守护。他非常郑重地向我们致意，并带领我们穿过两三个门，我才看到对面有一个人在印着三井标志的帐幕内喝酒。我想他可能就是吴永寿，果然就是他。他从对面也认出了我。他说今天是周日，喜欢这里的景色，尤其现在是梨花盛开的季节，便到这里来玩了。此地是天津最好的富人别墅区，加之今天是好天气，便借用一天，没想到你来了，非常高兴，我打算六点前回去。他的妻子也在这里，她给我们弹了三味线。这是我国的正宗艺术和林擒的艺术。这是很好的招待，到了晚上，我们先回三井物产会社。吴永寿是一个熟悉支那事情的人，他叮嘱我们说，你们第一次来外国，不了解情况，会感到困难，请不要客气，如果有什么事情的话，请一定对我说。

第二天吃完早餐后，我去了领事馆。这里的领事是郑永昌，他擅长汉学，诗文俱佳。由于我去的时候还带着林忠正君的介绍信，他说如果要访问的话，可以让他带你去北京的瑞成及永珍斋两家古董店看看。从这里回去时，我看到一个名为利顺德的旅馆，外国人和日本人都可以入住。于是我们又去那里看看。前天晚上一起乘船的人也在这里，他说那么大家一起照个相吧，我正准备和大家一起照相。此时从领事馆赶过来的人说，你是来我们馆的中村吗？我问他有什么事吗？他说藤田书记要去北京公使馆办事，你如果在天津没有事情，可以和他一起去。我想真是太好了，便回答说愿意同行。本想和外国人一起照张相也没法再照了。当天十一点三十分，我们离开了天津，乘坐火车前往北京。

二、北清观战记

坪谷善四郎(1862—1949),日本新潟县加茂町人,东京专门学校(现为早稻田大学)政治科毕业,出版家、政治家。大学毕业后进入博文馆,历任编辑局长,1918年担任董事。1894年兼任内外通讯社主管,翌年参与博文馆《太阳》创刊,1901年担任东京市议员,参与建设1908年开馆的市立图书馆,1911年被任命为通俗教育调查委员,1917年担任私立大桥图书馆馆长,1918年任日本图书馆协会会长。热爱旅行,著有包括随笔、回忆集在内的书四十余册。编著有《热血秘史》《大桥佐平翁传》《博文馆五十年史》等。

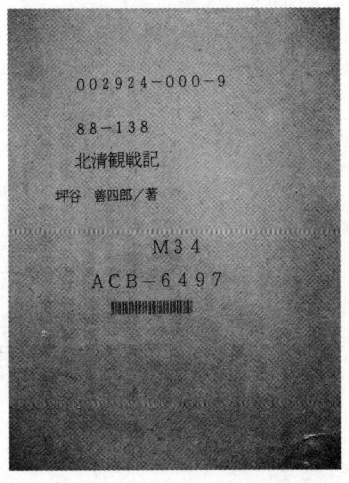

本文节译自坪谷善四郎著《北清观战记》(博文馆1901年版)第18—46、116—137、191—222页,是作者1900年义和团事变后不久作为随行记者来津而作的纪实文字。

大沽的舰船

（一九〇〇年九月）二十四日，晴空万里，船从早晨开始在渤海航行，听说今天要在大沽登陆，我便命令伙计烧开水洗澡换上新衣服。下午二点，看到遥远的前方飘荡着煤烟，随着临近更是看到各处帆樯林立。继续前行，则发现大船小艇充满海面，其数有五十余艘，军舰有白色、黑色、灰色的，商船也都悬挂着各国国旗，甚是壮观，犹如军舰的竞赛会。日本的军舰只有浅间、高砂、秋津洲三艘，另外还有小蒸汽公务船数只。最多的是法国军舰和商船，船上搭载着很多穿着新式服装的士兵，他们全都戴着红色的帽子和领带，穿着蓝色云彩长外套，帽子很像日本的宪兵帽。从这些舰船面前穿过，我们在仅能看到大沽炮台的地方停船抛锚。

大沽的炮台

仁川丸刚一抛锚，千草川丸就过来迎接我们了，它是从西沽过来的运输通信支部的御用船只。于是，我们马上换乘到这艘船上，才第一次知道陆地上的消息。德国元帅瓦德西今早从大沽入港，各国军舰鸣炮欢迎，俄国军队和少许德国军队一起于十九日进攻北塘并占领之，继而又于二十一日占领了芦台。在进攻这些地方之时，也和日军商量要一起进攻，但是我军没有答应。这些事情，都是我在船上听到的。继续前行，我们最终到达白河河口。首先在左岸看到俄军占领的炮台，然后行至右岸又看到了悬挂着日本国旗的炮台。到了炮台下面，税所大佐、辻村监督因为要下船视察炮台内的情况而上岸。其他人则留在船上。如果船继续前行，你就会发现河里还有我国的鸟海、爱宕两艘军舰停泊在那儿，其间不断有各国公务船往来。中午，我们到达右岸悬挂有英国国旗的炮台下方。这是开战之初联军进攻、日本海军陆战队首先登陆并获得首个战功的地方。当时进攻的线路是沿河前进。这也是服部海军中佐战死的地方，白石海军大尉登陆的

关门，也位于海河对岸。因此，当我们在甲板上张望时，西沽运输通信支部的宇佐川大佐作了说明，我们才得以了解详细情况。西沽是大沽的一部分，位于海河上游右岸。

六月十七日至十九日，我们从大沽出发来到芝罘，我发电报向各舰艇报告说：

"清政府以破坏塘沽车站为目的，运送兵力并在白河河口布设水雷，阻断北京大沽间的交通。由此可知该政府和义和团匪徒有关系。经过各国前任将校合议，要求清军从大沽炮台撤退，限于十六日夜十二点前。其决议已通报直隶总督，到了时间总督没有回应，各国联合舰队便与大沽炮台交火，战斗开始。联军约一千二百名陆战队（其中我军为三百六十人或三百七十人）在铁道火车站集合，从背面进攻炮台。日本兵首先占领北部最为有利的炮台，并插上了日本国旗。日军有服部海军中佐及九名水兵战死， 名重伤，另有 人轻伤。俄国兵损失最为严重，死伤七十名。"

西沽的市街

从军舰停泊地到日本运输通信支部所在地的西沽约有八英里。我们到达那里是在下午六点。太阳还高高在上,我觉得奇怪,询问别人,才知道宇品和西沽有一小时八分钟的时差,因此此地为六点时,宇品七点多。因此,需要拨改手表的指针。船在运输通信支部前抛锚。我们只好明天早晨乘坐汽船前往天津。考虑到陆上住宿不便,遂决定在船上留宿一夜。不过为了视察陆上情况,我们还是搭乘运输通信支部的小蒸汽船登陆。之前山川少佐和外数打算明天早晨登陆,便留在仁川丸上。由于日本赤十字社的救护员及日本邮船会社的内田在大沽执行任务,如果登陆的话,自宇品港出发以来的同乘者就会减少,田口、长谷川教授和我三人,跟随宇佐川大佐、立花少佐,首先拜访通信支部。和大佐等谈了重要之事后,我们三人告别离开,在附近摸黑寻找,又拜访了日本赤十字社办事处。西沽市街的房屋,多是用泥土加固,室内狭窄,屋檐低矮,多为类似穴巢的矮房子。不过运输通信支部和此处的赤十字社办事处的房屋都是四周宽广之地,中间铺瓦嵌砖,虽然粗糙,但砖上涂有染料,因夜间缺乏照明,看不清楚,不过确是此地屈指可数的大房子。绝对见不到妇女,本地男子三三两两群集各处,暗中还有很多人在运货拉车。赤十字社办事处因为有护送患者到内地的医务人员归来,事务非常繁忙,我们起身告辞,巡视市内,看到到处都有日本守备兵的篝火,照亮了黑暗,颇得便利。我们暂时在通信支部落脚,然后乘坐小蒸汽船回到千草川丸。

白河夜景

停泊在白河的千草川丸,如果在甲板上放上桌几,喝着麦酒眺望,你就能看到各国的商船、水雷艇等船只不断在暗中穿梭。陆地上各国兵营里的灯光犹如星光熠熠生辉,遥望海上,军舰上的电灯照得如同白昼,其间俄国军舰和塘沽火车站的俄军及炮台里的俄军之间,不断以回光通信发出信号,其状犹如彗星闪烁。三方交叉,其尾在我辈头上摇曳之时,天边出现一片光亮,星斗灿烂满空。和水陆灯光交汇,望去犹如四顾烟火。渤海吹来的海风,拂面也不觉得冷,凉爽至极。当初,我们预订明天早晨从塘沽乘坐火车出发,但是听说有早晨六点的火车,我们便决定乘坐这一趟车。当天晚上,我们就这样在船上休息。税所大佐、杉村监督深夜从大沽炮台归来。据他们说,守卫大沽炮台的士兵除了日军外,还有英、俄、美等国的军队,而且访问外国军队时,他们不时以香槟酒招待我们,不然就是咖啡等东西。遗憾的是日本炮台没有这样的设施,我们只能喝茶。我们将所有的炮台查看了一遍,让人高兴的是都得到了他们的回应。听到他们讲起这些,我们很遗憾没有随他们前去观看。

日美兵的亲睦

北清派遣军现在是日英美俄法德奥意八国,其中奥意两国兵力甚少,其他六国现在在北京、天津、大沽间的兵力超过七万人。而且很自然地分为日英美和俄法德两派,士兵每次见面,日英美即便语言不通,也会使用类似手语的方式进行交流;不方便的时候,还会在地上画国旗图，显示出日英美乃是同盟。其中英国士兵因为多是印度兵，和我军没有那么亲密，最为亲切的还是美国兵。他们视日本兵犹如兄弟。空闲时相互往来，尽管语言不通，但是大家却在一起吃喝，他们知道日本兵囊中羞涩，大都是由他们请客，供应大家喝酒，并赠送给日本兵香烟。有时，他们也到日本兵营，享受日本料理，感到非常高兴。此外，他们还赠送酒或烟，小队的每个人平均都能分到一杯酒或一盒烟。日本兵得到这些，感到非常满足。他们唱歌，我们舞剑，只要有空，我们就会得到美国人的款待。日美两国士兵多会举办一些大的宴会。而且俄德等国的士兵看到日本兵作战勇敢，获得战功，也都对其很尊敬，路上相遇时，总是他们让道。近日欧罗巴各国新来的士兵日渐增加，他们都还没有见识过日本兵的能耐，见到矮小的日本兵，并不怎么尊敬，近来还有不少人带有明显的傲慢态度。

各国在西沽的势力

如前所说，西沽市区多为沿白河河岸的破旧房屋。即便这些房屋，也因开战之初外国士兵的进入而荒废，各家不仅没有任何财产，甚至一半以上都无人居住，不过是一个荒凉衰败的村庄而已。在这样的荒村之中，也有让人吃惊的富豪。其资产有六亿两，其中大沽两亿，天津四亿[①]，名为郑某。现在充任我西沽运输通信支部之所，就是其房屋。事变之初，因为外国兵的粗暴和日军的威武，听说西沽附近的人

---

① 此处所说六亿、两亿、四亿两的说法，根据当时的情况，不可能有人拥有这样的财富。应该是作者记载有误。

家及河上的船舶多悬挂日本国旗。现在多悬挂俄国国旗，即一侧染有白蓝红三色的旗帜。特别是俄国在所有有价值的建筑物和土地上面，都悬挂上该国的国旗。因此，现在所见之处多是俄国国旗。

俄国管理的铁路

从塘沽到天津的铁路，虽说是各国共同管理，实际上全都是俄国兵在管理。现在一天可以往返四次，二十六七英里的路程，需要花费三个小时，是速度极为缓慢的铁路。我们早晨六点到达车站，因为前天在大沽登陆的法国士兵第四十及第十六两个联队正在乘车，非常嘈杂拥挤。我们一行占据一间上等包厢，火车按照预订于六点出发。因为是宽轨，相连的客货车有十五六辆，沿途全都是俄国兵在把守，车厢内装饰的镜子、盛水的玻璃杯等全都被削掉了，沿途的建筑物也都被破坏了，没有一个完整的。途中火车曾在军粮城停车，到达天津是上午九点三十分，比预订晚了三十分钟。塘沽、天津间，沿途几乎全都为俄军所占领。本来民房就稀少，加之多被烧毁，偶尔碰到的也都被破坏掉了，稍有价值的房子也都插着俄国国旗，其中靠近车站的东机器局，有四十多个烟囱，规模巨大，看着比日本的小石川炮兵工厂都好，但全都处于俄军占领之下。以天津车站为主，附近的建筑物也都插着俄国国旗。尽管听说其军队的战斗力并没有那么厉害，但是让人诧异的是俄国占领各地的机敏。

天津市区的惨状

天津车站从事变之初就成为激战的中心地区，所有的建筑物都有大炮小枪的弹痕蜂巢,附近的街区也全都遭遇兵燹,只有墙壁还矗立在空中。不但清国人的无数财产化为乌有,这里也是我军第十一联队很多勇士死伤之地。每当念及这些,就让人觉得有腥风吹血溅衣袂之感。如果从这里下车,马上就会有很多年老的、年轻的支那人夫来到车里。他们被称为苦力,请求我们让他们帮忙搬运行李,如果货物多,或者两个人拉一辆独轮车;或者一个人拉、一个人推。于是,我们就将行李放在这些支那人夫的车上,穿过烧毁后满是灰烬的道路,渡过架在白河之上的浮桥——俗称法国桥,来到对岸的紫竹林居留地,这里的河岸全都种着杨柳,每棵树都有弹孔,没有一棵完整的。听说营海军大尉(文三)等人也是在此地战死的。这里是我军陷入苦战的新战场,在其右边能够看到三井洋行。天津都统衙门民政厅委员青木炮兵中佐(宣纯)、兵站监部长秋山骑兵大佐(好古)、兵站监部参谋长仁田原陆军中佐(重行)诸将交相来访,大家围坐在一起吃午饭。下午我们和宇佐川大佐一起雇佣支那船,经白河前往北京。税所大佐、立花少佐、长谷川教授因为有事,留在了天津。

(作为参考)七月六日从天津发出经由芝罘的公报说:

"从六月十七日至二十三日的一周,天津的外国居留地被清国人包围炮击,尤其是法国居留地蒙受的损失更为严重,居留地超过三分之一的房屋被烧,各国居留民为避难前往日本或上海,开始离开天津。本国居留民七月四日及五日两天,从本港向本国进发。对外国居留地的包围,因六月二十三日有援兵从大沽到来才得以解除,天津大沽间的水路也得以恢复。不过,该居留地还是不断受到来自天津城及三岔河口沿岸的水师营炮台的炮击,而且上述两地还有很多清兵聚集,最为激烈的炮击为七月六日,同日也有英法日三国联军炮击天津城外,各国领事和清国地方官在公务上的联络,自六月十七日以后全部断绝,粮食日渐匮乏,不久将不得不依赖陆海军队的供给。"

七月九日从天津发出经由芝罘的山下海军中佐的报告:

"凌晨三点,参加联军联合运动的我陆军士兵一千三百人、炮六门,英国兵九百人、炮四门,及俄国所派出的援兵四百人,我陆战队为须广、高砂、笠置各一个小队,总指挥官以下一百四十九名,和一百名美国兵约定,选择时机沿土墙外围接近机器局,从侧面突进。我陆军出梁园门,为外翼。英国兵从右翼前进,扫除附近村庄的拳匪,迅速攻占赛马场的敌兵,夺取炮四门,并占领了赛马场。上午八点,我陆战队首先突入西机器局,美国兵、我陆军兵等部队也相继进入,向败退之兵猛烈进攻。此外,日英两国军队用野炮炮击南门附近的民房和内城,机器局的建筑悉数被毁,全都没有了屋顶,士兵无法停留,遂决定放弃,于是烧毁了附近的房屋,撤回了军队。当天,陆军步兵大尉武久三保三郎战死,骑兵少尉两名负伤,下士兵战死负伤若干。"

七月十一日从天津发出的福岛陆军少将的公告说:

"本日从凌晨二点开始,英法日联军所守护的车站,受到四门炮及约一千敌人的逆袭,激战约五个小时,后依靠第六中队河内山中尉的英勇突击,才得以将其击退。此战斗期间,步兵特别是炮兵,因大火而死伤的最多,步兵第十一联队第二大队的将校以下死伤约为八十人,第六中队则是所有的将校和特务曹长都出现了死伤。本来该地有我步兵一个中队守备,但是由于事情紧急,剩余的三个中队全部参加了战斗,而且在此地的法国兵也增加了约六十人,来自四个中队。英国兵也出现了不少死伤。此地既是联军防御的要地,也是守备最为困难之地,不日联军合作就可以将附近的敌人击退。"

七月十四日从天津发出的福岛陆军少将的公告说:

"日英美法联军从昨天即十三日开始进攻天津城,早晨五点联军炮兵开始从各处进行炮击,早晨七点二十分从海光门向天津城南门前进。该地附近多为河川和沼泽地,没有适当的地方可以开展战斗,因此步兵大部使用的是四列纵队队形,以此战斗队形到达城门南面二百米之地。此间敌人的步兵炮火颇为猛烈,联军出现了很多死伤,尔后联军希望破坏城门进行突击,但由于敌人火力猛烈,没有达到目的,就在这样的交战中天黑了下来,各队决定固守阵地。"

十四日凌晨四点左右,工兵中队破坏了第一道城门,一名士兵爬上城墙,从里面打开了第二道城门,敌人在夜间进行射击后撤退。早晨七点,联军占领了全部四个城门,各地的巷战还没有完全停止,大约八点二十分巷战结束,留下守备队后,其他部队撤回居留地。

参与此次战斗的日美英法兵,合计约四千人、炮二十八门。我军一般都勇敢战斗,另一方面还要守备车辆。步兵中队逆袭敌人,并占领了水师营炮台和海关,分别缴获炮八十门,其中十六门是最新式的炮。天津城内还有很多兵器弹药等物资,不过由于属于他国的占领区域,没有获得任何东西,全部让与各占领国。联军死伤约五百人,其中我军为三百人。

(上述第三封信是九月二十六日在白河船中所记。)

白河的御用船

天津至北京间,陆路有二十九日里(1日里约为3.9公里),铁路只能从天津通到杨村,杨村北京间的道路已被团匪破坏,还没有修好,而且天津杨村间的道路属于俄国管理,各国的输送全都依靠白河水运。水路从天津至通州为四十八里,通州到北京的陆路约五里。如果从天津至杨村间使用铁路,再往北就必须走水路,因此各国在天津通州间的往返多依赖水路。往返其间的船每天都有数百艘,最初大部分都为日军所借用,其数约有六百艘。每艘船往返需要十天,每天约有六十艘船从天津出发,船上都悬挂着日章旗,每艘船都有一两个日本兵跟随,以防暴民袭击,兼为防止被外国军队抢占。因此每次从天津出发,到了上游,大部分船都要悬挂日章旗。由于以前塘沽天津间,放眼望去全都是俄国国旗,让人疑心这里是俄国领地。同样,在天津的白河上游,则以日本势力为最大。我们一行于二十五日上午到达天津,下午一点我们与宇佐川大佐、仁田原中佐(重行)、辻村二等监督等将校及数名军吏随从一起乘坐三艘船从天津出发。船大底浅,是上下比较平稳的帆船。以前,已故的大久保甲东对于征讨台湾后的纷争,他出使北京与清国达成合议,日本获得五十万两赔偿金。他在归国途中曾吟诗云:"和成初下通州路,闲卧逢窗梦自平"。该诗里所说的就是白河中的这种船只。白河河道浅,不能行汽船,因此我们只能依靠这个长方形的平底河船。最近冈泽侍从武官长为慰问军队,往返于天津北京间也是乘坐这种船。船有大小之别,但其形状是一样的。而且我们搭乘的船是其中最大的,非常坚固。船溯航上游时需要长长的绳索挂在船头,几个纤夫在岸上前行,步调一致地拉纤。船头操楫,并上下拨动船帆,还需要一个助手协助。此外还需要一个厨师。从早到晚一直不停地划,一天能行七八里。这些船夫也称为苦力。帆船形状参考书前照片。

北仓的守备队

二十六日早晨,我们到达北仓,临时登陆。北仓位于天津上游二里多处,是天津陷落后清兵占据防守联军之地。在八月五日的进攻中,日军首先到达并占领之。当日山川炮兵少佐受伤,这是新战场。市区在白河左岸,河上架有浮桥,现在由我军守备队长兼兵站司令官马场(绩)少尉率领一个小队的兵力进行守备,在杨柳间安营扎寨。

北仓原来比较繁华,战时由于联军的焚烧扫荡,现在满目疮痍,家徒四壁。兵站司令部也都是捡拾怪异的竹子或木片作成柱子,上面覆盖草席,仅能防止部分雨水,里面放着四五张类似桌子形状的高办公桌,所有事务都在这里办理。即便是这样的临时小屋,最近通过这里驼有我军绳索的骆驼,因为生病而无法运输,只好将绳索放在了这里。我军只能利用这些东西搭建房屋。此前全都是在地上的帐篷中生活。幸好无论是酷暑还是雨季,都没有出现患者。兵营中还养着两三只家鸭,还有几只鸡,十几天后还发现有小鸡在玩耍,令人称奇。我们询问之,才知道附近村民因苦于各国联军的掠夺,前来请求日军给予保护。于是,我军派遣士兵进行巡逻。他们为了表示谢意,前天天还未明就带来小鸡过来送给士兵。如果白天过来的话,途中马上就会被外国士兵抢走,因此只好在天未明时带过来。

(参考)八月五日从天津发出的山口师团长的公告:

"自四日凌晨开始,联军从白河两岸攻击北仓及火药局附近的敌人。我师团五日早晨开始攻占火药局即韩家墅,继而占领北仓及王庄茶棚，眼下正以一部分兵力追击敌人。敌人的兵力约有两万余人，四散逃去，我军死伤将校以下三百余人，敌人丢下二百余具尸体。"

白河沿岸的惨状

　　白河两岸没有堤防，弯道甚多，河流非常缓慢，水呈黄浊色，由于河水很少泛滥，放眼望去，两岸都是一望无际的旱田。这与前日在塘沽天津间乘坐火车时所看到的情景完全不同，那里的左右两岸都是不毛之地。这里的作物以高粱为最多，蜀黍次之，还种植有大豆、小豆、胡麻、棉花、南瓜、胡瓜、茄子等作物，长势良好。但是现在还没有人前来收割，只有往返于上下游的船夫等人，将其作为每天的食粮，随意掠夺。棉花熟了，徒然如雪花般飘散，大小豆出荚，也只能散落地上。北仓至杨村间的白河沿岸，左岸从北仓往下依次是柴楼村、汉口、北新庄、马家口等村庄，右岸则是王庄、桃花口、新庄、下蒲口、蒲口、汉家庄、灰道等村庄。此外，右岸还有道路相通，应该是北京天津间的国道。我军的军用电线也是沿着此线路架设的。但是各村房屋全被烧毁，不然就是被破坏或被重新圈占，只有墙壁残留，没有一间房屋有屋顶，不管男女老幼，没有见到一个人。偶尔有消瘦的狗儿在河边游荡，正在吞食漂浮的人马死尸。虽说这是战败国的常态，但是看到如此惨淡的光景，我还是觉得惨不忍睹。听说漂浮的死尸已经大为减少，但每天还是能够看到几具，其中也有最近被屠杀的，还没有腐烂。

　　（上述第四封信是九月二十八日在白河船中所记）

杨村的景况

杨村是天津通州间最为繁华之地,中间隔着白河,街区位于白河两岸,主要的街区在左岸。联军进入此地时,日军的大部队已经从右岸进发,只有炮兵与各国军队一起从左岸进发。让人感到意外的是敌人的抵抗非常脆弱,各国军队很快就进入了市区,右岸的我军几乎没有赶上战斗。因此,此地的街区遭受兵燹者少,更难得的是保留了不少完整的房屋。天津至此地的铁路已经开通,每天都有几趟列车往返。但是,如前所记,各国军队多从水路输送。到这里,水路和铁路大致可以并行,从此地转变方向,从水路向东北方向可通往通州,沿铁路向西北方向可通往北京。杨村的铁桥位于市区下游一里多地,已经修缮完成。但是因铁路还未修建完成,俄军每天还在忙着修理。此地的河有浮桥,从天津到北京的干线在此地从左岸转至右岸。右岸有德国、奥地利、意大利、美国等各国守备队,左岸有日、英、俄、法等国的军队。此地的日本兵站司令部设在市区一个富人之家,司令官是藤村少佐(正彦),副官是冈田中尉(哲藏),中尉是一个文学专业的毕业生,是才当了一年的志愿兵,在东京和我认识。这一家地方很大,房屋高。听说屋顶有临时新建的观景台,于是我们便爬梯子登上精巧的房瓦,是类似于八犬传的芳流阁,到达屋顶,有一个日本屋顶所能见到的晾台,上面建有一个四根柱子相连,架着三四块木板的眺望楼。站起来眺望四方,正好可以一望直隶的大平原,犹如一幅大的立体全景画。通往天津的铁路如线一样笔直,白河河道弯曲,宛如蛇形。喷着黑烟奔跑的火车,被绳索拖着溯航而行的河船,将三三两两往来的各国士兵的白色衣服弄脏了,有时候变成了灰色,新穿上的冬服则变成了鲜明的蓝色。市区内外则飘荡着各国军旗,美军的兵营里在演奏军乐,俄国兵营外则是军马成群,那勃烈翁帽檐镶有锚徽章的法国兵和白色大黑帽子檐带有遮阳的俄国兵握手往来,头上围着宽布的英国印度兵,和黄帽黑服的日本兵非常相似,谈笑不过一瞬间。

架在河上的浮桥由法国兵管理,桥和天津、北仓的一样,是用几艘船横排而架的,河中间只能通过两艘船,每次都需要打开通过。船只往返如织,桥上桥下帆樯林立,苦力们非常嘈杂拥挤。税所大佐和山川少佐从天津通过铁路已经来到此地等待,我们再次坐同样的船出发。

(参考)八月七日天津发出的山口师团长的公报:

"联军昨天即六日早晨七点向杨村运动,英美俄法及我步炮兵若干从白河左岸,我师团剩余兵力从右岸前进,由于敌人被左岸纵队的先头部队迅速击退,我右岸纵队仅以炮兵炮击向宝坻县撤退的敌人大纵队。左岸纵队的前进因为道路恶劣,行动非常缓慢,很晚才到达杨村,因此完全没有参加战斗,我士兵没有死伤。"

本日应以步、骑、炮、工兵各一部队,迅速占领南蔡村。

八月九日河西务发出的山口师团长的公报:

"七日师团一支队击退敌人,占领南蔡村。八日师团占领南蔡村,九日占领河西务,敌人虽有所抵抗,但被我前锋所驱逐,向北方撤退。河西务的敌人为亲军武卫湖南军、武威军等二十余营,马玉昆及聂士成等人和昨晚到达的李秉衡一起召开军事防御会议,由于我军前进迅速,他们只好狼狈撤退。"

白河的船中生活

　　白河沿岸经天津以北的北仓、杨村、南蔡村、河西务、马头等地到通州，陆路都是宽阔的道路。此道实际上不单是天津北京间往来最繁华的道路，白河还是从南方各省经水运而来的百货运往北京的最主要线路，往返河上的船只每天都以百计。其船为长方形，上下持平，底深，船身稍微有点鼓，长约五六间至十间，宽八尺至一丈余，船内分为几个区，上面铺上木板，木板下面装货，也可以作为船头等人的宿舍。船上用木板围起来所形成的客室是上等坐，普通的船客则以蓬作顶，将犹如红色墙壁的东西按在木板上，作为乘客室。我们可以乘坐木板围起来的客室。船长十间，船身宽一丈一尺，船室长五间，宽八尺，高度能达到船只中央最高处。面积为四尺五寸，用木板围住，屋顶用蓬修葺，犹如在甲板上设立了一室，木板下面储藏货物，木板上面铺设草席，作为卧室。该船船头有一人在摇船，另有八名苦力船夫。这样的房间很少，大都是木板围起来的船室，而且这样的船只以前都是客货两用，其中运载贡米者，船首绘有如同狮头的彩色画像，故能一望而知。这被称为贡米船。几千艘这样的船只现在全都被各国军所占领，没有一艘用于私人。故每艘船都悬挂着各国国旗，从早到晚往返于白河之上，颇为壮观。每艘船都搭乘占领国的卫兵两三人，以防止他国兵夺取，保护运输品的安全。根据船只的大小，五六名乃至七八名苦力拉着系在船头的长绳索，在岸上行走。船溯航时，船头扬帆，舵左右摆动，根据河道的弯曲情况，伸缩绳索，以便前进。船帆的上下左右摆动和纤绳的伸缩，是利用几十个滑轮，巧妙地运行。日本军队所使用的苦力，除了一天四五十钱的工资外，还给予若干玄米。苦力们自己做饭吃。除了一日三餐外,从天不亮到黄昏都在不断地劳动,其精力和勤奋,终究是日本劳动者所无法比拟的。他们并没有因为饭后的休憩或者吸烟而停工。如果行程紧急,还要另加工资。夜间点灯拉纤,在金钱面前,可以说是不辞辛劳。如果看所吃东西,大都是大碗的玄米饭,上面盖有油煎的茄子或南瓜和葱混在一起煮的食物,也有韭菜或腌辣椒,一般都是站着吃。他们经常从岸边的农田获取蜀黍做汤,一边劳动一边吃。白河沿岸土地肥沃,放眼望去,耕种着各种农作物。现在居民都逃走了,无人收秋,因此苦力们可以得到蔬菜,非常幸福。

(上述第五封信是九月三十日于白河船中所记)

再次在白河船中生活

船只准备好后,船夫解开缆绳,苦力开始在河中摇橹,和前日溯航上游不同,船只航行的速度很快,当天我们宿泊在马头的上游。第二天即八日上午,在马头下游有一艘装饰漂亮的帆船载着俄国兵,前后有很多帆船护航。该船在溯航上游的时候就遇到过。今天让人奇怪的是从早晨就开始下雨,于是关闭蓬窗,悠闲地下象棋。虽然没有仔细观看,但是船只行至河西务,听说前面有一艘装饰漂亮的船只,乃是最近新任媾和全权委员李鸿章正从天津奔赴北京。进入北清,一天遭遇两次雨只有这一次。该夜宿泊在河西务的下游。入夜雨停,空气非常清新,犹如阴历八月之景。深夜我走出蓬窗,看到明月高悬,江心碎金,烟霭摇曳,岸上草叶冒霜,其壮观无所比拟。但是,寒气浸肤,无法久立船头,于是我又进船睡觉。九日,我们再次在杨村登陆,并访问守备队,晚上十点到达天津三井物产会社前的河岸,当夜还是在船中留宿。

战后的天津紫竹林

天津市区位于白河南岸,为直隶总督衙门所在地。天津是一个人口四十万的大都市,设有海关道、水师营、武备学堂、北洋大学堂等机构,紫竹林的各国居留地则是高楼大厦鳞次栉比。其繁荣甚至胜于北京,其输入文明新事物更远胜于帝都北京,不愧是北清第一港口。其港口除了上下白河的帆船外,只有小蒸汽船在下游往来,出入的帆船日以千计,覆盖直隶全省的百货商品都在此集散,非常繁华热闹。自从昔日义和团匪起,紫竹林的居留地被包围三旬,从火车站至居留地的河岸,各国士兵损伤数百人。法国居留地最为繁华,英德居留地与之相邻,多遭兵燹,幸而各国领事馆平安无事,其中英租界最为繁华的维多利亚街也免于兵燹。每晚都能看到很多欧美人携夫人散步。而且,各国军队驻扎此地者最多,街道到处都是士兵。靠近日本领事馆,名为利顺德的旅馆成为战后居留地的唯一旅馆,我和田口本打算投宿此地。但是俄、德两国将校占据了所有房间,不让我们住宿,不得已只好和税所、辻村等人寓居在兵站部的一个房间内。

日本居留地

我国天津兵站司令部靠近日本领事馆,位于德国居留地内,是一个支那人家的房屋,在武备学堂的对岸。战争期间,俄军占领学堂,在该地架设浮桥。房屋充任我兵站司令部,清人在日军的保护下而安心,现在逃难到了长崎。室内空旷,楼上楼下有很多大房间。我们住在这里,没有感到丝毫不自由。司令部前面是大沽路,附近的街道多被烧毁,其烧过的两侧已经形成有六七十户人家的日本街区,这些商人来津多是从事卖酒业。现在建成临时小屋,充当店铺。年糕小豆汤商店也卖啤酒,烟店也卖手巾和手纸等商品。但是在日军的武勇和纪律威严之下,支那人就不用说了,就是各国军队也都对我军颇为尊敬。因此,必将逐渐扩充规模。以前,天津的日本商人很少,仅有三井物产会社支店、横滨正金银行支店及大阪商人武斋号等二三店铺。先前根据《马关条约》,划定连接法租界西部地区为专管居留地,面积有三十多万坪。临近白河河岸之地非常狭窄,没有日本人设立店铺。但是因为此次兵燹,加上支那街区被烧毁的部分,总共有六十万坪专管居留地,如果将远至天津城南门的地方纳入其专管区域内,对于将来扩张我国商人的商权颇为有益。况且,从城内至居留地东端铺设三英里电气铁路的权利,也在战前为我国所获得。因此,如果能够实现,必将获得极大便利。

战后的天津城

一天,我想参观天津城的战场,按例和税所、辻村、田口等人一起去。守备队本部的骑兵上等兵从东路出发,将校骑马,田口和我乘坐人力车,出居留地先到海光寺机器局。机器局一度被日军占领,后又被放弃,总攻击时再次被日军所占领,现在还由日军守备。但是机械工厂全被破坏,只残留着几个烟囱和围墙。俄军占领的机器局为步枪和弹药制造所,该地为大炮制造所。因此,这一个被称为西机器局,与东机器局相比,规模要小很多。在断垣残壁的庭院之中，立着一块巨大的碑，上面写有：

重镇海疆守，今来况始过，因之观素习，可说不扬波，结队明组练，伸行列鹳鹅，巡方应诘武，行赏意犹多。

阅武作

乾隆丁亥暮春上瀚御笔

由此，我认为这里可能从乾隆时期开始就设立了兵营。

海光寺机器局门外有一条小河，河上有桥。过桥二丈多远有海光门。从天津城包围城外的街区及各国居留地，方圆四五里内都有土墙环绕，海光门是设在土墙上的城门，为天津城南门的外围。据担任向导的骑兵介绍，七月十三日天津城总攻击时，以我军为主力，联合英美法军，四国军队从此海光门进攻，门破而入。从该地到南门还有一里多路。眼前的机器局前方隔着一条道路，还有少许人家，潜伏着敌兵。联军将其驱逐，渡过架在小河上的桥。这里到南门的一条小路周边全都是沼泽地，乃军队前进最为困难之地。这天早晨，夺取海光门的我军，终日激战，还是未能到达南门。夜间，冒着敌人的枪林弹雨，我军露宿在道路和沼泽之中。十四日天未明，我军终于攻破城门，进入城内。当时，我军死伤四百余人，大队长服部少佐战死，他还详细指出了地点就在小河的桥畔处。我们用望远镜查看南门，发现被破坏的城楼只剩下了城墙。他转身指向远处对我说，在海光门外远处有赛马场。这天联军司令瓦德西元帅观看各国军队的操练，数千军队犹如成群的蚂蚁，在眼前纵横聚散。

从海光门下来，我们沿着一条如线般的小路前行，到达南门，也称为城墙门。和北京城门相比，规模很小，但和通州相比，还是远远超过其规模。南门建有两道门,即便攻破第一道门,还有第二道门可以进行防御,还可以将敌人堵在两道门中间进行屠杀。其城门和北京的城门一样。进攻的早晨,我工兵使用棉花火药破坏掉第一道门,第二道门从城墙攀上去进入里面,然后从里面打开城门。如果登上城墙查看,会发现城楼已经完全被破坏,只剩下四周的城墙,上面有无数的弹痕,由此也可知当日激战之状况。从此处眺望内城,其景可以尽收眼底。

天津城为方形,市区周边有城墙环绕,和北京、通州一样,城中央有鼓楼。以此为中心,十字形的街道通向四方,到达东西南北四门。街道虽然狭窄,但是皆为巨石铺设,市区大都免于兵燹。因此按照十字街格局,城内划分为日英美法四国占领区域。由于日本是此次战斗的主力军,占领了北门至东门最为繁华之地,北门外的市街也都属于我军的守备区。这些街区的民政,由从日英俄三国选任的委员负责。民政厅称为都统衙门,设在旧直隶总督府内,街道则由清国人中选任的名为巡捕的警察进行巡逻。巡捕身着浅黄色制服,腹部处画着一个白色圆圈,内中写着"都统衙门巡捕"字样。他们不携带刀,只是手拿竹棍,在市内巡逻。见到我们,他们都恭敬行礼。我们到日本守备队第四十二联队第二大队本部,并在此吃午饭,下午我和税所大佐与大家分开,访问了都统衙门。

都统衙门的民政

都统衙门掌管警察、卫生、司法及课税等事务,课税是征收关税及厘金税;警察在城内外各设置两个巡捕分局,巡捕巡逻市区。衙门的组织是三头政治,从日英俄三国选出的委员被称为都统,日本的青木炮兵中佐(宣纯)、英国的鲍尔中佐、俄国的沃嘎克少将为各国都统。因为沃嘎克少将当时正在日本旅行,由福罗夫大佐代之。我们访问衙门时,三国委员首先向我们展示了一个稀奇的东西,于是带领我们来到一间幽深的房间,指着两名少女,说义和团员将她们两人当成神来崇拜,甚至连直隶总督裕禄也都拜服于她们。两名少女一个十六岁,一个十九岁,都称自己是神,数日前因有人密告,被联军生擒至此,至今不发一语。两人占据一室的左右两边,相对而坐。外表大致和北京所见的娼妓不相上下,完全看不出神之模样。我在室外给三国委员和税所大佐拍完照片,又被引导到委员室,看到墙上挂着一幅大大的寿字,此乃西太后为祝贺裕禄六十一岁大寿所写,笔力雄健,完全看不出是出自妇人之手。总之,西太后还是一位人杰。桌上堆着文件,墙壁上陈列着青龙刀、步枪等武器。其他官员还有书记官美国人田夏礼,并兼任本地事务管理书记;警察部长是英国大尉莫克拉、奥地利中尉巴依;书记为英国人博恩;巡捕长是英国人斯齐瓦德;司法部审判员是美国人易门思;出纳是德国人萨玛和博尔;鲍尔中佐的秘书是利托,青木中佐的秘书是小村俊三郎,警察事务官是伊藤次郎等人。他们各司其职,事务进展顺利,非常灵活。

我们从都统衙门告辞出来,前往白河岸边,观望对岸的水师营,沿河前行不长时间渡过市区烧毁的遗址,支那人街区和居留地的边界有牌楼,匾上写着"路隘人多不许驰马"的字样。这条道路实际上是从大沽经天津到北京的主干道,日夜往来,络绎不绝。现在日本在此地获得了铺设电气铁路的权利,希望日本能够迅速实现其权利。如此度过一天,我于黄昏回到了宿舍。

(上述第十一封信为十月十一日在天津兵站司令部所记)

东西八大强国之联军

　　日俄英德法美奥意八个强国的军队,现在全都驻屯在天津,其人数比北京还多。特别是德国元帅瓦德西在德国领事馆,每晚都和各国参谋官共进晚餐,商讨军务,元帅率领的德国军队多在此宿营,法国兵也多是最近从本国新来的,俄国兵和公使也一起离开北京来到这里。因此要想了解联军的真相,现在以天津最为便利。据某将校说,要视察各国的军事,平时巡视欧美各国需要一年的时间,现在驻在天津一周就行了,非常便利。尽管如此,各国兵中最无纪律、不顾人道,进行各种暴行的是俄国兵,其士兵的年龄和体格不一,一看就是一个无赖集团。仅次于俄国兵,进行各种野蛮活动的是法国兵。两国士兵只要看到支那人,全都不将其当人看待,掠夺财物,强奸妇女,虐杀老幼,火烧房屋,肆无忌惮。英国的印度兵也掠夺财物,很多做法如同俄、法兵。没有国家像俄、法两国士兵那样,得到将校的默许或自己也参与其中来从事野蛮活动的。德国兵中新从本国来的,表面看来纪律颇为严明,队伍非常严整。奥意两国士兵由于人数少,其野蛮活动也少。战斗时最勇敢,平时纪律最严明,秋毫无犯,各国军队都非常忌惮,清国人也因此得以保全的只有日军。来过此地的人,对此都不会有异议。因军纪严正而与日本并称的是美国兵。因此,日美两国的士兵最为亲近,即便语言不通,也互相往来,双双携手散步,经常能看到美国兵与日本兵结伴到酒铺喝酒。据说美国兵一周的薪水约为五美元,日本兵一天只不过五六钱,因此美国兵非常同情他们,在酒铺一起吃饭时多由美国兵付钱。这里还有另一个原因,那就是酒铺多是日本人开的,外国兵购买一瓶啤酒一般是一元钱，而日本兵只需要五十钱。因此美国兵和日本兵结伴前来买酒时，宴请的同时也能得到便宜。不光是喝酒吃饭，平时也到营外游玩。此时，一般是日美和印度三国兵在一处，俄法德三国兵在另一处，各自游玩。观之宛如三国同盟对峙，不只在天津，北清各地都是如此。近来，德国兵受困于俄国兵的暴行，开始稍微与其保持距离，不知真相如何。

法意两军的暴行

　　我军之勇武实际上冠绝各国，但是由于我国在北清的外交机关不能与军队保持一致，难以获得应有的权利，多有遗憾。一个例子就是开战前在天津的三井物产会社支店，派人到位于天津上游五里多地的名叫独流的地方收购棉花，将其运到白河岸边，此时正处于战乱，支店无法接收。过了一段时间后天津的战乱平定，发现很多意大利士兵在天津市里出售带有三井洋行记号的棉花。于是，三井物产会社请求我领事与意大利领事交涉，并认为其掠夺局外之外国商民的财产是不当的，要求归还。但是意大利军以司令官大佐卡利奥尼之名予以拒绝，说他们的商品是以正当手段捕获的，并得到了联军司令官的认可，从上游运至天津的。如果不是意军捕获，可能会被兵燹烧毁，因此不能归还。在毫无道理的借口之下被掠夺的物品，最终却未能收回，结果三井物产会社只能自己再次收购自己的商品。外交的不强大大致如此。三井物产会社支店设在法租界内，现在我海军陆战队及陆军兵站监部的周围还到处都是新来的法国兵，其士兵还不知道日军的勇武，经常对日本人施加暴行。一天晚上，我们和七八个朋友想去北门外的酒楼喝酒，清国人力车悬挂着日本国旗,来到三井物产会社支店,并在门前等待。此时有三辆人力车与人发生了纠纷。如果人力车被各国军发现,他们就会被捕。因此如果没有卫兵保护,途中无人敢拉空车。我们没有理由再雇新车,而且还要前往我们并不熟悉的地方,距离此地有一里多路,没有人力车是非常困难的。此时,一个日本水兵过来告诉我们说,人力车夫现在在河岸正与法国兵进行争吵。法国兵要强行乘坐悬挂有日本国旗的人力车,车夫们拒绝,他们就殴打车夫使其离开,并要放火烧车子。看到他们如此暴行,我们难以容忍,便上前制止。突然,他们向我们掷来车上的坐垫,我们马上投了过去,于是他们将车子踢入河中才完事。想不到你们丢失的车子,原来都是如此被法国兵所掠去的。此时我们才明白了发生纠纷的原因。最终,我们每两人乘坐一辆车,才到达北门外。法国兵对日本人尚且如此粗暴,其对清国人就可想而知了。

北门外的酒楼和艺妓

天津城的北门外以前有很多酒楼、妓院,其中侯家后、归贾胡同的义和成等堪称酒楼巨擘。我们有一天晚上在义和成酒馆喝酒。酒馆位于狭隘的街巷之中,门前昏暗,我担心稍不注意就会有人踩到粪便。实际上清国人有俗语云:"踩了狗屎运"之意。在这狭隘的街巷,左右两边都是艺妓之家。从自古以来花柳街就被称为狭斜巷来看,支那习俗自古皆然。如果是从如此狭窄的街巷进入酒馆,你就会发现酒馆周围全都用砖墙包围住了,里面分成几个区,有很多客房,几个壮丁在门内迎接,一起喊到好嘞,然后将各人引入内室。我们事先已经吩咐过了熟悉这里情况的人,因此她们提前进行了准备,故酒馆室内清洁,还备好了膳食,并招来男女艺妓在此等候。室内中间放着桌子,周围配有几张客椅,桌上放着十几种水果、点心及其他小菜。通过这些小菜的种类,你就能知道其后所上料理之品质。其后不久,陆续上来的有燕窝、鱼翅、煮鱼或全鸭,油炸的羊肉或鸡肉,醉虾或蟹,石灰煮的鸡蛋,还有醋木耳等,其品类有三四十种,可以说应接不暇。味道甚美,但是器具不洁,长筷漆黑,每个器具上还带有唾液,大家用勺子舀着喝,喝完后又将勺子放在桌上,而桌上又没有铺任何抹布。吃饭时也没有小桌,吃不了的就全吐在了桌下。对爱干净的日本人来说,总有一种奇怪的感觉。陪侍喝酒的妓女有六七个人,头发和耳朵上都配饰有珠玉,穿的衣服是绫罗,往来酒馆则是坐轿。酒席间,每位客人都有一个侍女陪伴。她们坐在客人旁边的榻上,不时起来,迈起轻盈的缠足,走到客人身边,或劝酒,或自己喝。虽然言语不通,但是她们能够以手或眼进行交谈,颇为聪敏。询问她们的年龄,大都是十五六岁至十七八岁,都不满二十岁。询问她们的名字,金华、金宝玉、吴金珍、王秀珍、翠香、翠玉等重名的人很多。她们的脸型都是圆的,可能生来是长脸,但是她们将前额的头发垂下来,巧妙地拂在额上,化妆成圆额。鼻子大都不挺拔,但面颊丰满,带有酒窝。发型有两种,一种是辫起来垂在后面,一种是梳起来搭在后面。簪子上镶有金玉或生花,里面放着桂花,香气馥郁。她们向客人劝酒时进行猜拳,所谓拳是合计两个人所出的指数,猜对的人获胜。猜拳开始时,大家一般都会喊满福寿满福寿,猜错的话就要喝酒。妓女大都能喝酒,一点都不逊于男人。支那酒比日本酒味淡,不容易喝醉。妓女不跳舞,也不打鼓,只唱歌。另外还有两名称为相公的男妓,陪坐在席上,他们会唱歌。一个年龄十四岁,另一个十六岁,面容犹如女子。他们有时坐在客人膝上说话,有时劝客人喝酒。听说相公之名是龙阳之意,也可以陪客人睡觉。此外还有奏乐者。他们专门奏乐,弹奏胡琴、蛇尾弦。男女一起唱歌时,奏乐者就会与之相和,背对客人起舞。歌多是戏曲中的道白。妓女的侍女则坐在酒席的四角,负责侍奉妓女,如有客人命令,她们也会向客人劝酒,都是年长者。虽然她们相貌不美,但都谙熟世故,可以给酒桌助兴。散席时,妓女会劝客人到自己的家去,如果客人同意,妓女就会先坐轿回去换装,在家等待客人到来。妓女的家就在附近酒馆门前的陋巷之中。侍女将客人引入门,门内有几间房,房内有床,还有几把椅子,中间是桌子,桌上放有啤酒、点心等东西,几个客人便聚在一间屋内喝酒,然后到各自的房间休息。不过,我们喝完酒就走了,其后的情况就不知道了。

天津火车站的战场

十月十二日,真锅第九旅团长从天津出发,凯旋回国。宇佐川大佐与其同行。田口和我同日从天津出发,一同去塘沽。这天上午十点,我们从天津火车站出发,天津的我文武官员都前来欢送。俄国的铁路管理者,特别为旅团长清理了一节车厢,挂在最后面。我们也一同跟随旅团长进入车厢,第十一联队长粟屋大佐也在这个车厢。旅团长站在车厢外询问火车站当日的战况,江口大队长站在月台烧毁的遗址上详细说明了地势,并就此说了当时的战况:清兵从水师营炮台炮击此地,让我军最为狼狈。此外,清兵还从白河左岸向火车站附近进攻,致使我第十一联队有一个中队的将校全都出现死伤,并在这里陷入苦战。汽笛响起后,大家挥手告别。两个小时后,我们到达塘沽。行车途中,我们给俄国勤务员若干金子,他们害怕被其他同事看到,马上放入了口袋。因此他们在上茶和冲咖啡时对我们颇为恭敬。据军官们介绍,如果给钱使唤人,外国兵中以俄国兵最为恭顺,不知道实际情况是否如此。

(上述第十二封信是十月十三日于汽船公平号内所记)

大沽解缆

在塘沽,我们向旅团长一行辞别,乘坐上了招商局的公平号汽船,这是提前在天津购买的乘车券。在这里,俄法两国士兵在河岸贩卖所掠夺的商品,日本的小卖部也都集中在这里。尽管朔风吹拂,但是河岸销赃的市场已经开始。我们在船只解缆前,在此地滞留了两天两夜,其间数次上岸。公平号停靠在销赃的市场附近。该船属于清国招商局,现在归属三井物产会社所有。船小,上等客房只有两间,长期没有定期航船,因此船客紧凑,现在乘坐的各国上等客人共二十一人。其中日本船客八人,四人进入了客房,我们住在食堂,欧美人住在甲板上。如此一来,外国人只能向日本人让步,其中一个原因就是因为日本的胜利。十四日下午,公平号从大沽出发。于是,我们经过西沽的日本运输通信支部,通过白河口炮台前面时,天色已晚。公平号在通过大沽港的各国舰队旁边时,舰船上的灯光熠熠生辉,如花一般,让人疑心乃是海市蜃楼,无比壮观。穿过此处,因为有了几日熬夜的经验,我们便躺在食堂桌子上睡了起来,也不用担心会从桌子上滚落下来。十五日下午二点刚过,我们抵达了清国山东省的芝罘港。

附：北清战地地志

战地概说

此次的北清战争，乃是日、英、俄、美、德、法、奥、意八国与清国的战争。其战斗从六月十七日攻击大沽炮台开始，至十月二十一日占领保定府，共计一百二十八天。战火波及的区域不只是直隶省，还包括满洲。而且战斗最激烈且最为持久的是天津和北京，天津的战斗为三十天，北京为六十天。以这两地为中心，战争沿京津铁路和天津山海关铁路展开，即从天津通往山海关的沿线，在大沽、北塘、芦台有战斗；天津以北则是北仓、杨村、北京有战斗。其他地方虽然预计会有战斗，但实际上并没有经过战斗就占领的地方是通州、山海关和保定府。

至于满洲地区，当初清国的暴徒也很猖獗。他们破坏俄国铺设的铁路，俄国人只要发现清国人，就会进行虐杀。不过，两国军队真正交战的时间很少。如此说来,实际的战斗地只是从大沽经天津通往北京间的白河流域和铁路沿线区域。因此要想了解此次北清战争的经过,首先需要了解交战地区的地势。我有幸在战后游历这些地区,经大沽、天津、北仓、杨村、南蔡村、河西务、通州到达北京,并参观了万寿山的离宫,大致视察了战地情形。因此,我想在下面谈谈这一地方的地势,为大家了解战争的经过提供便利。我相信在此之前先列出此次交战地的略图,能够容易让读者理解。

和下面的地图一起,我首先要对铁路的线路进行说明。在已经铺设的铁路之中,从北京经天津、大沽到山海关的铁路被称为北清铁路,此为官设铁路线。还有从北京到保定府的原有铁路线,称之为芦汉铁路。这是从北京城西卢沟桥起,经保定府至汉口的大型官设铁路线。芦汉铁路从北清铁路的丰台车站分开,实际上起始地点位于北京城外马家堡车站五英里之地。现在北清铁路的线路是从北京(马家堡)到天津七十九英里、六十八站的往返线路;从天津至山海关是一百七十四英里的单线。因此,从北京到山海关全长为二百五十五英里。此外,芦汉铁路的原有线路是从北京(丰台)到保定,全长八十八英里。现在以天津为起点,北到北京,东南到山海关,主要车站的距离如下:

从天津到北京方向		从天津到山海关方向	
到北仓	8.61 英里	到军粮城	17 英里
到杨村	17.88 英里	到塘沽	27 英里
到落垡	31.09 英里	到芦台	51 英里
到朝坊	40.40 英里	到唐山	80 英里
到南淀	53.64 英里	到滦州	113 英里
到黄村	64.47 英里	到北戴河	152 英里

到丰台　74.88 英里　　　　　到山海关　174 英里
到北京（马家堡）　79.68 英里

除了上述铁路线外，从山海关连接北方的还有关外铁路。距离山海关一百一十三英里，经锦州到牛庄的线路，工事已经完成，预计能与俄国经营的满洲铁路接通。在英清共同名义下所铺设的铁路，由于和这次战争关系不大，在此略去。

北京、山海关间的铁路，变乱前每天有三辆车往返，其中一辆是快车，其车辆除了头等、二等、三等三种外，还有特别车。轨道是四英尺八英寸的宽轨，车厢内要比日本内地普通的三英尺六英寸的窄轨宽敞许多，特别车还有可以称为床的四个凳子，被分为两间，有餐桌、椅子、厕所、洗漱间，平时还配有一个服务生。这是因为沿途没有适当的旅馆，旅客可以在车厢内休息。根据曾经在战乱前从天津乘坐这个特别车往返山海关的人的经验，上午八点从天津出发，快车到达山海关为当日下午二点五十分。虽说是快车，沿途主要的车站如塘沽、芦台、唐山、古治、滦州、昌黎、北戴河也都停车，而且头等客车的车费是一个人四元五十六钱。此外，如果借用一辆特别车，天津、山海关间的单程车票为十六元，如果滞留的话，特别车住宿费一晚上为九元，因此第一天住在车内参观山海关，翌日在北戴河下车，巡视秦皇岛附近，夜里还得住在车内。第三天上午八点三十分跟随快车，从北戴河出发，下午一点五十分就能够回到天津。我于事变后（九月二十四日）在塘沽登陆，当时铁路属于俄军管理，从塘沽到天津需要三个小时，回来的路（十月十二日）也属于俄军管理，铁路已经大致修理完成，天津塘沽间只需两个小时就能到达。

如此说来，铁路已经完全贯通了此次的战乱地。但是战乱开始时,义和团暴徒破坏了所有的铁路,没有一部分能够完全可用。因此,各国军的进退、兵站线都只能在铁路以外之地进行。由此,白河河道成了战争中唯一的交通线,这条河源自山西省,贯穿直隶省,流经北京东北,至杨村和铁路线交汇,经北仓、天津,到达大沽注入大海。中间经常会与铁路并行,这大都是在铺设旧铁路之前。白河是北京、天津间进行客货运输的唯一水路。因此到距离北京五里的通州,每天都有数千帆船往返。只有通州、北京间依靠陆运,南方各省的贡米也都是依靠此水路才得以运至北京。实际上白河不仅是北京,也是直隶全省的咽喉。由于天津市区位于白河两岸,使其成为人口有六十万的大都会。通州也是因为位于其河岸,而成为北清屈指可数的大城市。由于铁路被破坏,联军从大沽到天津也是利用此白河。联军扫荡完天津之敌后向北京进发,也是沿此白河,经北仓、杨村、南蔡村、河西务、马头、张家湾等各地,进入通州,从此处上岸后再前往北京。军队沿河岸前进,粮食也都是依靠河中的船只运输,由于需要的人手少,并没有感到搬运有何不便,这也是拜白河所赐。

　　白河一是被称为九十九曲河,其白字的隐喻乃是百字去一。白河蜿蜒曲折,河道不深,河水非常浑浊,泥沙淤塞,因此河床年年抬高,大沽天津间仅有小蒸汽船能够溯航,从天津到上游连小蒸汽船都无法通行,只有名为帆船的平底船能够通行。这种船,犹如纵放的短册函,切短后才能通行。白河的宽度,天津约为二百尺,通州约为一百二十尺,沿岸没有堤防,河流极为缓慢,加之当地降雨少,很少有洪水暴涨。除了冬季结冰期,每天不间断地有帆船往来其间,天津市区的河岸或杨村、通州等地的河岸经常帆樯林立。我以前曾经过天津火车站和紫竹林居留地之间的浮桥,看到当时为了让船舶通过这里,打开了河上的浮桥。在临时等待帆船通过的时候,我还试着数了数有多少只船,接连有八十四只,共费时一小时三十多分钟。(十月十二日)其船舶往来之频繁,由此可以推知。这些船舶在战乱中全都被各国联军所霸占,专供联军使用。因此,当联军因铁路被破坏而无法利用火车时,便代之利用白河水运,因此并没有感到丝毫不便。这在了解战争形势时,应该引起我们的切实注意。

如果使用这条铁路从天津进入北京,那就应该从北仓、杨村出发,经落垡、廊坊、黄村、马家堡,从北京城的永定门进攻。但是由于铁路被破坏,这些地方得以免遭联军蹂躏。相反,南蔡村、河西务、通州等地则受到联军的严重破坏。北京城的攻击也以通往通州的朝阳门、东直门被破坏的最为严重。这也是因为铁路和水路的关系。

大沽及塘沽

要想叙说此次北清战争的地理志,首先必须得说大沽。这是因为清国官兵和联军的第一次交战就在此地。此外,各国士兵因此次事变而向北清派遣的地方和登陆地也都是这里。其后由于进入冬季结冰期,登陆地转移到山海关。但是那里只是冬歇期间通信收发之地,各国军队的到达和出发地几乎都在大沽。白河之水也在此处注入大海,北清铁路也在这里分为山海关线和北京线。因此铁路修理结束后,一方面可以到达天津、北京、保定,另一方面也可以连接山海关线,水陆运输的主要连接地就是大沽。实际上大沽是北清战争最初的爆发地,也是北清战地的咽喉。

左边能看到威海卫,右边能看到旅顺口,进入渤海航行约一昼夜,如果到达大沽港,你就能够看到距离陆地三四英里的海上有很多军舰、商船碇泊。从芝罘到大沽,水路为一百五十四日里。大沽位于白河口,但是由于此河口昼夜不断有泥沙溢出,海底平浅,大舰巨舶无法靠岸,只能在远处的海面碇泊,只有千吨以下的小蒸汽船和炮舰水雷艇能够在河中溯航。从这里遥望陆地,你能够看到白河河口两岸有两个炮台对峙,一个在北岸,一个在南岸,这就是大沽炮台。而且登陆要穿过这两个炮台,溯航至上游,要经过十多个村庄。溯航时,东岸还有第二炮台。如果防守严密,想从前面攻陷此地是比较困难的。但是此次开战之初,我炮舰爱宕、鸟海及外国炮舰数艘得以在炮台前甚至上游碇泊。战端一开,从上游登陆,逆行至河口,从炮台背后攻击之。白河北岸的第二炮台因为日军的率先登陆而最先被攻陷。

从上游溯航至此炮台,其间约有十余个村庄,两岸有街道。东为东沽,西为西沽,人口约三千余人,街道很不干净。由此溯航经过十余个村庄,就可以到达塘沽,人口约五六百人,此处有火车站。向北通往天津、北京,向东连接山海关。登陆要乘坐火车,且必须在这里乘坐。将来疏浚白河口,如果大船能进入河口,这一带应该会成为通商之重地。

从大沽到天津的铁路在白河左岸,从塘沽经军粮城通往天津市区则在对岸,不过一般道路都是沿白河右岸,距离西沽不到四日里是杨会庄,也有十几个村庄。从新城行走三日里半多,可以到达小站。其间有丁葛沽、咸水沽镇等村庄。小站以前是袁世凯的驻地,他现在是山东巡抚。小站的北面经南杨、马头、白鸽口子、双江、灰堆、河圈子、郑塘庄、靳家窝、东楼等各村庄,可以到达天津紫竹林的外国人居留地。总之大沽天津间的陆路为三十日里,水路为五十日里。其沿线道路宽四间①,道路修得很好,两旁种有柳树,交通便利。沿线的村庄人烟稠密,土地也能耕种,只有饮水比较缺乏。与此相反,沿白河左岸的铁路是平原,村庄极少,土地也没有开垦。放眼望去,平原极为广阔,左右两岸全都是如此。

天津城及其居留地

天津在此次战争中处于最为重要的地位。清兵包围外国人居留地,并企图全歼之,为此连续交战三十余天也是此地。联军陷入苦战时间最久并最终攻陷之,并由此决定了战争的大势,也是此地。而且,此地还是从大沽登陆的联军前往北京的必经大门,也是联军牺牲最大的地方。

天津属于直隶省天津府天津县治下之地,实际上位于距离白河口上游五十里的右岸,北清铁路的火车站在其对岸。从这里到芝罘,水路为一百五十四日里;到上海为六百八十七日里;到牛庄为二百三十五日里;距离日本长崎为七百八十九日里。根据一八五八年的《天津条约》②,确定天津开港,一八六一年正式开港,现在据称人口有六十万,是北清仅次于北京的最为繁荣的城市。此地是从南方江苏扬州贯穿山东省到达直隶省的大运河和白河的交汇处,不但是南北货物的集散中心,从大沽进入内地,无论是铁路还是水路,也都必须经过此地。因此,自古以来就在此地设置天津府城,作

---

① 间:是日本江户年间的丈量单位,一间为六尺,约为1.8米。
② 实际上是根据一八六〇年的《北京条约》。

为防守的重镇。近年直隶省的总督衙门也设在此处,还设有陆海的兵学校、大学、兵器制作所等公所,其驻防的军队也堪称全国之精锐。天津开港后,法、英、美、德各国居留地在府城西南沿白河名为紫竹林的区域设立,现在层楼石屋相继而建。除了上海,这里成为清国国内最为繁荣的居留地。而且这个居留地和此次战争中位于对岸的火车站一起,一直受到天津府城清兵的攻击,成为陷入异常苦战的地方。后来由于日本的大批援军到来,才变守势为攻势,并开始进攻天津城,最近经过激战,最终占领之。

白河河道在天津大约宽二百尺,每年冬季全都结冰,船舶往来停止。平时通过运河从南方来的贡米船以及碇泊在大沽的汽船的货物都在此地集中,并且停泊在天津,全都系在河岸或码头,完全没有必要锚泊在河中。因此,货物的装卸、船客的上下船,都极为便利。气候在夏季为华氏九十度至一百零五度,冬季则在二十五度至五度之间徘徊,温差非常大。而且严寒之中白河上冻,结冰的厚度超过一尺五寸,车马可以在冰上行走,搬运之便胜于水运。

此地以前不过是为了镇压匪贼而设立的一个卫所,后来由于贡米船的繁多,清乾隆四十七年(1782)从河间府分离出来,单独设立府治。看到其当南北交通之要冲,有连接水路运输之便利,欧罗巴人早就看出此地将来一定会繁荣,便以广东暴动为契机,一八五八年五月英法同盟出兵示威,欲以缔结开港条约,率舰队前来,不意受到大沽炮台的炮击。不过最终他们还是攻陷大沽,进而溯航天津,同年六月缔结了和平条约,翌年六月为履行条约,再次溯航白河,又在大沽遭到炮击,此时未能攻陷炮台,只好暂时撤退。一八六〇年八月,英法联军从大沽东面的北塘登陆,从背后进攻大沽,一举将其攻陷,然后立刻向天津进发,进而又攻陷了北京。

其后，一八七〇年六月天津当地居民掀起暴动，讹传法国传教士引诱当地居民，掏其心肝。最终当地居民烧毁了法国天主教堂，并杀死了七八名法国人，由此与法国爆发了大规模冲突，不过清政府赔偿了八十万两白银，最终和平解决。而后直隶省总督衙门从保定府转移到天津，总督也常驻此地，以维持地方秩序，并办理外交事务。只有在冬季白河结冰期间，才回到保定府处理事务，而且从此时开始，同盟国的军舰也常常一艘艘碇泊在此地。近来以大学和陆海军学校为主，各种设施开始在此地设立。在此地大力实行泰西新事物，多是李鸿章担任直隶总督驻在此地时所创设。而且此次事变之初，我炮舰爱宕能够碇泊在白河之中，并从大沽炮台后背进攻并获得最先登陆之功，也是得益于平时可以碇泊军舰的条约。

天津府城位于白河和运河合流之岸边，四面有城墙环绕，全长一里十丁五间，城墙高二丈四尺，四面都有城门。东面名为镇海门，西面名为卫安门，南面名为归极门，北面名为带河门，一般都说是东门、西门、南门、北门。城内有通往四个城门的四条大道，在中央十字街地方设立鼓楼，其街道称为鼓楼大街。城郭外沿城壕，还有土墙围绕，称之为外城，长五里七丁十二间，土墙高一丈四尺，名为僧格林沁堡。这是当年受到英法联军攻击后，由僧格林沁修建的。外城的重点地方设有十四道门，名为山海门、镇东门、直沽门、梁园门、东南门、海光门、西城门、三庆门、顺轨门、保卫门、绥丰门、拱辰门、堤上门及锦衣门。而且这个外城是在城外遥远的田地之中环绕修建的，市区多在府城之内。但是城内的道路狭窄且肮脏，市区最为繁华的地方是东北门外的白河岸边。河岸的市区从府城沿下游西岸，长约一里，和紫竹林的外国人居留地相连。

我国的居留地和之前的法、英、德居留地相连，近来日本的专管居留地确定在法租界和支那人街区之间,乃是居留地中最靠近支那人街的地方,一面靠近白河,一面连接天野之地。不过,我居留地内以前没有我国民居住,三井物产会社支店、横滨正金银行支店等设在法租界内。各国居留地当中,英租界占据最为中央位置,富商大贾大半住在这里。以前,清国的招商局及怡和、太古等轮船公司的码头也都设在这附近,河岸大小船舶密集,货物装卸繁忙。法租界恰好位于火车站的对岸,因此火车站的前面架设有浮桥,即今之俗称为法兰西桥者。桥可以并行通过十几艘帆船,两岸常有数艘船停泊,只有中间的两三艘船容易通过,几艘船在河里上下交汇时,要解开停在中间的船,为其让开水路。而且上下天津的船,每天都有数百艘,因此过桥遇到打开时,需要几个小时后才能再开通,期间要等数十百艘船通过。清国有名的厘金税,就是在这样有浮桥和关口的地方征收,税官来到此地,经常要检查通行的货物,大致算定价格,进行征税,犹如日本内地征收的桥税或渡津钱。

现在在天津的外国领事馆,有日、英、德、俄、法、美、意、奥、西、葡、荷、比十二个。日本领事馆在德国居留地,贯穿居留地中央的大道,南经小站通往大沽,向北穿过天津府城,经北仓、杨村、河西务、通州,通往北京。在天津被称为东机器局的兵器制造所,位于白河左岸和火车站东面,能够大量生产大炮、步枪和弹药。名为武备学堂的陆军学堂,也位于火车站下游的白河左岸,即德国居留地的对岸。这两个大建筑,在此次事变中都被俄军所占领。为了防止敌人从居留地东北面进攻,火车站成为日军陷入长期苦战之地,然而其建筑和铁路却都被俄军所占领,铁路事务也临时由俄军管理。此外,天津产盐,白河左岸从法国居留地到英国居留地的对岸,连绵十几个村庄都有盐山,蜿蜒如堤,也都被俄军占领。其盐所在之地,位于火车站至河岸之间,将来是水路运输最为重要之地,俄国人不是重视盐,而是更关心土地。盐山的上游、府城的对岸是水师营,备有海军炮,还有炮台。因此火车站的我守备队和居留地的联军,虽然长期受困,但在进攻天津城之时,还是被我军攻占并占领之。在南门外面积十数町的海光门内的田野里,有名为海光寺机器局的兵器制造所,其规模约为东机器局的一半。由于处于战斗之地,被完全烧毁。但是,此地乃是日军经过激战攻陷并占领之地,是纪念胜利之所。

天津北京间的通道

天津到北京的道路主要有三条:一是从杨村、武清县经黄村、卢沟桥进入北京,里程约三十三日里;天津北京间的铁路就是走的这一线路。二是从杨村经河西务、张家湾、通州进入北京,里程为二十八点七五日里,比第一条线路更近,且天津通州间可以利用白河水路,通州、北京间还有运河,因此运输极为便利,在铁路开通前,这是交通上的唯一捷径。而且此次事变之时,铁路沿线悉数被破坏,联军前进的路线就是沿此线路,因此这是此次战争最需要详细解说的线路。三是从天津西向永定河南,经永清、固安两县从卢沟桥进入北京,这个线路至永清县可以利用永定河的水运,然而因上游河道浅,难以通行货船,陆路又非常迂回,因此平常并不是天津北京间的通道。只是因为铁路被破坏,白河水中又有障碍物,如果扼守其沿线的要害地点,从供给北京的战略上来说,没有必要分出一个军队从此路前进。在此次战争中,自天津陷落后,清兵主力已经毫无斗志,只在北仓、杨村进行了短暂抵抗。如果他们全都向北京撤退,第三条线路是最不引人注意的。如果是这样的话,现在我们就跟随联军的前进线路,主要说一下第二条线路。

白　河

　　从天津进入北京,联军此次实际上是经由杨村、河西务、马头、张家湾、通州各市区。而且从天津到通州是沿白河前进,途中北仓、杨村等地的战争,都是隔白河进行,其后各国的兵站部进行运输的一条线路就是利用此水路。天津通州间的陆路约为二十四日里,即从天津至北仓三日里,至杨村七日里,至南蔡村十日里,至河西务十三日里,至马头十九日里,至张家湾二十二日里,至通州二十四日里。

　　由于河道非常弯曲,水路共约四十日里。而且天津的上游由于河道浅,只能通过小蒸汽船,帆船不断上下往返,平时这里有六千艘船。这种船犹如长方形的箱子,上下平行,底浅,在河道浅的水路也可以划行,船头画着鬼面一样的东西。船舱内划分为几个区,分为存放货物的地方和船头、水手等人夜间休息的地方。甲板上设有客室,普通客室有左右弯曲的蓬,成穹隆状,恰如在赤壁图所看到的船中蓬。上等船室全部用木板围住,每一张横板都能自如开关,客人居于其间。船只从头至尾约有六七间至十间长,前端宽,后端稍窄,约为六尺多,中间为一丈至二间。甲板前面有三间客室,后面有两间。帆樯立在客室的前端,船头位于客室的后方,摇橹的船夫从船头摇,在客室左右的船舷行走,往来于船头和船尾,因此两个船舷处有一个一尺余的空地,能够步行。船前进时需要帆、橹和绳索并用。在天津市内的河里,多是用橹上下摇摆,在上游则是从樯上放下长长的绳索,几个船夫远远跑到岸边拉纤。帆是用布缝制而成,横着几十根竹子,或者帆网装有数十个滑轮,遇到河道弯曲时,帆就会左右转动,便于利用风力。每条船大约有船头、船夫及炊事员七八人。船航行得非常慢,从天津溯航至通州,一般需要六天,回来需要三天,中间停留一天,因此往返一趟一般需要十天时间。而且自古以来清国各省利用水路运送贡米到北京,都是利用此水路。贡米船的形状和其他船只相同,只不过船头的鬼面画是以丹青彩绘,故一看而知是贡米船。据说其船只能够运载四十至六十石米。白河河道在天津市区为五十间,北仓附近为三十至四十间,通州为二十余间,上游水浅,为五尺,天津附近地区约为八尺余。此河两岸没有堤防,河岸都是农田,种植有高粱及各种蔬菜、大豆、粟、棉花等作物。河水浑浊,难以饮用,水势极为缓慢,而且很少暴涨,水害甚少。除了被称为雨季的七月中旬至九月上旬外,其他时间很少降雨,但也不干枯,是运输的绝好水路。由于沿岸缺乏饮水,船夫等人就只好汲河水蓄于桶里,加上明矾,沉淀泥沙,作为饮用水。船上的人都是从船头撒尿拉屎。不过从现在来看,所汲之水都很干净,可以饮用。

北 仓

北仓距离天津约三里,是从天津通往杨村的中间村庄。天津陷落后,清兵在此构筑炮垒防守,抵抗二十天。八月五日联军经过激战,才将其击退。出天津城北门,渡过运河上的铁桥,再沿白河就是其街区,名为西沽。其相连的街区为丁字沽。该地附近一带是北京大街,路在堤上,两旁全都种着杨柳。犹如西沽、丁字沽等名一样,名为某沽的地名非常多,天津旧时也称直沽。丁字沽北面的村庄为唐家湾,对岸的村庄名为穆家庄。七月三十日,通过我军的火力侦查,探知了敌人在这一附近的兵力,因此贯穿西沽、丁字沽的街区多罹兵燹。当时,清军据守唐家湾,我军从丁字沽进行炮击,另有一队渡河至左岸的穆家庄,从侧面隔河炮击唐家湾。该地附近的白河两岸大都是高粱地,只有村庄之间才有杨树林。从西沽的北端,道路在白河两岸分开,堤上有路。右岸是北京大街的干道,渡河穿过左岸的穆家庄,下一个村庄是南仓,然后是北仓。北仓是一个仅有百余住户的村庄,河岸杨柳成荫,现在有我军的兵站部司令部和守备队驻屯。

杨 村

杨村是个有一千余住户的城镇,它与河西务是天津通州间最大的城市,横跨白河两岸,左岸特别繁华。从天津到此地,河两岸都有道路。铁路从塘沽经天津到此地,在河的左岸,在这里过河,可通往北京。其铁桥位于市区下游一英里多的地方。实际上,从白河口到此地,是铁路与河流并行。从此处到白河上游可以溯航到北方,铁路向西走。通往北方的道路也分为两条,一是沿河道经河西务、马头、通州通往北京;一是经武清县、拱极城(卢沟桥)通往北京。因此,杨村因水路之便和位居交通之要冲,而使自身成为繁华城镇。市区中央架设浮桥,该桥如天津所见到的那样,几艘船纵排系在一起,每次上下行船,中间的三艘船都要驶离,以便打开通道。左岸比右岸繁华,设有督河府。此外,其南口平时有马队营驻扎。北口有阁楼,名为天枢阁,登上去可以眺望四方。八月六日联军前进时,此地的清兵很少抵抗,没有经过激战就占领了此地,大部分街区免于兵燹,其督河府现为日军守备队的本部。登上后面的屋顶眺望,城镇可以一览无余。该地平坦开阔,除村庄外,没有任何遮挡物,是发挥骑炮兵威力的绝好战场。

河西务

从杨村经白河右岸北进时,将路过大顿丘、小顿丘、铁庄、汉家营、南蔡庄、砖厂、蒙村、西沽庄、小王庄、大王庄、张庄等村庄,最后到达河西务。此附近一带是直隶的大平原,非常平坦,一眼望去没有任何山峦,甚至连丘陵都没有,只在村庄之间有杨柳映照的阴影,看来夏天行军困难。南蔡村八月八日被日军占领,河岸有日本守备队的营帐,有六百户人家。清兵已经败退天津、北仓,又从杨村逃窜,杨村以北也没有抵抗,全线败退。但是沿线的村庄全都被破坏或烧毁,没有一间房屋,处处不见人影,河岸的田地里栽有谷物和蔬菜,已经成熟,好像在等人收割。我于九月溯航此河,十月又回航,在沿途各地登陆,终未见到一人。河西务是个有一千余户的城镇,日本守备队在距离河岸二町余的地方安营扎寨,此地距离市区还有三丁多。此处也可渡河从东面大官屯通往芦台,从此地还有经西北到达北京的道路。陆路四通八达,加上河道便利,因此商业非常繁荣。但是,现在居民四散,不闻鸡犬之声。幸运的是四周开阔,驻防军也不感到蔬菜缺乏。

马头、张家湾

八月八日从杨村出发的联军,即日占领南蔡村,九日占领河西务,十日占领马头,十一日占领张家湾,十二日进入通州。其前进的速度和平日的行军无异,这多是因为每每有敌人败走便急速追击,无暇搜集败兵。而且占领后日军都在各地设置兵站司令部和守备队,或者在中间位置设立守备队办事处。陆上架设野战电信,可以进行野战通信,河内不断有御用船往返,每艘船乘坐一两名卫兵,以备万一。马头有六百户人家,高低适中,适合眺望四方。从河西务到这里,中间有马庄、大安平、安平、江米庄、童四庄等村庄,沿路到处都种有稻子和蔬菜。以前调查河岸的田地,发现有长一尺五寸余的黄瓜,犹如一张老脸的奇怪茄子,大得需要两只手才能握住,让人疑心是南瓜。耕作方法还都非常原始,但是土地极为肥沃,即便不施肥,高粱和蔬菜也都长势良好。作为拥有四千年历史的古国,我虽然奇怪于其耕作方法的原始,但是毕竟土地辽阔,人口还没有达到饱和。据闻人民都很富裕。从马头前行约三里是张家湾,人口六百余户,是途中的一个大镇,属于水路要冲之地,粗粮、蔬菜多,人民也富裕。

三、沽上集

稻叶岩吉(1876—1940),号君山,文学博士,日本明治后期大正时代满鲜史学家。新潟县人,本姓小林,早年研习汉语。1900年来中国华北、华中等地活动。日俄战争期间任随军翻译,到中国东北地区满族发祥地"考察"。1909—1916年,在满铁"学术调查部"参加《满洲历史地理》编辑工作。1922年任朝鲜史编纂委员。1936年获文学博士学位。1937年任伪满建国大学教授。主要著作有《满洲发达史》(1915)和《清朝全史》(1914)、《光海君时代的满鲜关系》(1933)、《朱舜水先生传》《朝鲜志》。

古泽幸吉,生平不详,曾任日本驻齐齐哈尔领事。

本文节译自古泽幸吉、稻叶岩吉著《北方支那》(冈崎屋书店,1902年6月16日印刷,1902年6月20日发行)第1—26页。

沽为海水汇合之处，即是对贯穿清国直隶省、天津县白河中游到下游一带之地的通称。称为沽的实际上有七十二个，葛沽、咸水沽、西沽、东沽、塘沽、大沽等皆是如此。天津县又有津关、津门或七十二沽上之称。此地为北方第一大输入港口，此乃进入上海、广东等地，专管租界的经营，民政厅的设施，世人都熟知的地方，需要我在此赘述的唯有清国还没有官禁，出口海外的长芦盐的大要、津钱的计算法、语言、地理、风俗，以及尚未向世人介绍的，我辈现在抄下来以为沽上集，以可资天津研究之一斑。

天津的现状——登陆困难

天津的将来颇有疑问，天津将来还能保持今日之繁荣吗？现在我国向天津约十五万坪的日租界投入了一百万元的资金，以期将其建设成为北清贸易的根据地，此事业果有希望吗？利用北清航线从日本到天津旅行的人，认为天津位于白河下游，是靠近大沽的地方，我辈初次航海之时非常惊异于与想象的有很大不同，邮船会社的立神丸或玄海丸从芝罘出港后，大约经过十八九个小时，可以从黄河到达白河口。听说停泊的地点是大沽，甚至想象大沽的炮台也能够看到，但是抛锚的地点湖心岛，距离炮台近的有七日里，远的有十三日里。从这里依靠中国帆船或小蒸汽船，将旅客和货物送往塘沽，旅客从这里到塘沽的运费需要两元，历经四五个小时，经过如此痛苦和烦劳后，在塘沽登陆后乘坐从山海关来的榆津铁路，前往天津，其间正好需要花费两小时。

天津的过去——白河浊流

天津现在作为贸易港是有些价值的,犹如我国的新潟港,我辈不讳言正是偏于守旧的中国人才能将天津的繁荣维持到今天,现在各国都设立了居留地,有关天津的事物也不像过去那样单一。回顾天津的过去,现在我们更能想象到将来的衰退。根据地理学家的说法,白河是泥沙堆积作用最为严重的河流,河床年年被填埋,泥沙逐年增高。根据嘉庆年间的出版物,天津距离渤海仅有二日里,实际上距离我租界也只有十二町左右。当时一方面扼大海可以走向海外;另一方面可以上溯白河,成为连接通州至张家口的贸易通道。天津勃然而兴起,是在距今九十四五年前。当时天津被视为北方第一大港口,也未必是错的。而且从地理学家的学说来看,如果白河每年增加一公里的冲积泥土,今天看到的就是七十四公里的河堤。现在,天津市民政厅进行白河疏浚工程,但是这种人工对抗要想阻挡白河上游的侵蚀作用,终究难以奏效。

天津将来的贸易

天津作为港口有些价值已经说了,事实上,天津还有一些不适于作为贸易港的方面。如果看前年的贸易额,输入额为三千九百四十万两,输出额仅有八十八万两,几乎只是输入额的五十分之一。作为贸易港,这种单边贸易是其他港口所没有的。这明确显示天津是单纯的消费地,附近没有特别多可供出口的商品。即天津只是纯粹的输入港,终究难以称为贸易港。而且作为输入港,其所为人关注的也只是因为历史的关系,绝不是因为其他可以拿得出手的优势。而且,现在英国设计的秦皇岛已经大致完成,汤河的车站能够直达北京,此外还可以利用关外铁路,从满洲直接通往蒙古。现实形势就是如此。但是将来直隶、山西、陕西还有东三省的经济联系,首先是系于秦皇岛的命运,天津能够与之对抗吗?有论者说天津只要将港口转移到下游的塘沽即可,毋宁说这不过是权宜之策。

卫嘴子

天津是在明朝时期发展起来的城市,最初称为天津卫。当时位于白河口与渤海之滨,更因受燕南之风气,民风彪悍,言语粗狂,世人视天津人为卫嘴子。卫意为天津城镇,嘴子意为嘴损,我们如果到北京街上去看,就会发现在车辇之下的首善之城,苦力、车夫也都非常善于辞令应对,仪表堂堂。转而进入天津,则是言语极为粗犷,加之夹杂着南方的浊音和山东的方言,让人觉得往来的彪悍卫嘴子极为嘈杂。如果将东京比为北京,天津可以被视为长崎,从历史上看天津自古就是是非之地,可以说卫嘴子表现出了燕南唯一的特色。之所以如此说,是因为同治九年天津教堂虐杀事件,曾文正公奉皇帝上谕前来调查教案,期间对津人说,天津风气刚劲,即便随声附和者也不失为义愤所激。李鸿章和曾公相反,他说昔者僧格林沁抵抗外夷失败,朝廷弥漫贼气,津郡之民举义兵,误认为其为好义之徒。吾人相信李伯之见是远超文正的。

紫竹林的繁荣

吾辈以前将紫竹林和天津城混称,还将牛庄和营口混称,吾辈所认为的天津贸易地,其实不在天津,而是指城外紫竹林及杏花村一带。牛庄只是营口的一部分,也是同一道理。紫竹林距今二十年前还是荒草蔓延、行人迷路之地,只有紫竹庵草堂存焉。此处的外国居留地,最初经营者是法国人,位于津城东南大约二十五六町处,白河从其西北穿过,老龙头车站位于对岸,可谓形胜之地。当时,紫竹林的河岸还可以通航二千吨至四千吨以上的汽船,潮水之落差达到七八尺至十一尺,感觉不到像今日之不便。法国传道会社首先对居留地进行整备,使得紫竹林逐渐发展起来,并得以与南方诸港口齐名。

紫竹林的发达

紫竹林作为外国居留地而发展起来完全是外国传教团的力量,传道会社在法租界建设西洋式的大杂院,出租给外国人和中国人,居留地的体制没有显著变化。当初禁止中国人往来居留地,但因看不到居留地发展的希望,遂又决定采取吸收中国人的措施,或允许中国人继续居住在天津城内外进行经营。清政府的威信在保护他们利益这一点上,难以让人充分信任。因此,他们希望能在享有治外法权的外国人居留地生活,于是移居到法租界的人非常多,紫竹林突然变得繁荣起来。加之当初外国人的权利,在关税这一点上要比中国人享受很大优惠,这些中国人从利益上打算，也希望以外国人的名义做事或担任买办。买办一般称为"康白度"，具有高于一般人的领班性质。当时的康白度以资本和勤劳委托外国人，从事商业活动。因此，经营外国商行的人都喜欢移居紫竹林，我学习汉语，他研究外语，最终使得紫竹林发展起来。

现在的紫竹林

现在的紫竹林，法国居留地占据首位，永兴、立兴、仪品公司、法国电灯房等各洋行都是三层楼或四层楼建筑，街道配有中国巡查，维持风纪，两侧栽植树木，电灯也在各处安装，饮用水水管铺设遍布全市。东方氧气公司继之，英国人、美国人也在此设立银行、会社、洋行等，争相建设宏大的房屋，居留地一片繁荣，大有漠视北支平原之气势。总之，紫竹林宛然可以让人们想见小欧洲城市，占据最为便利的水运条件的是法租界，另一部分为英国居留地。

日本租界是否方便

日本居留地位于天津城和紫竹林的中间，乍一看颇得地利。但由于水运不便，加之地域狭窄，如果将白河沿岸比作建筑物的出口，这个出口非常狭窄，只不过是广而无用的纵深。拥有三十余万坪广大面积的我居留地，一等地、二等地仅有五六千坪，大部分都被称为纵深地，居留地将来发展的条件，日租界现在还无法和法租界繁荣时代所具有的各种条件相比。第一作为私人事业，日本人无法期望有传道会社那样的大设计,政府也无法将其作为国家事业来开发;第二日本没有给予超过法租界及其他租界的优惠便利;第三现在中国的智力和财力已非昔日的中国人可比。仅这三方面,租界的发展就比较困难。我们预测天津的未来没有多大希望,因此主张应该省去这方面的设施经营,将其转移到秦皇岛或牛庄方面是比较适宜的。

天津城——城池的得失

天津城位于白河、永定河和大运河三水交汇的三岔口之地,一方面可通往北京、通州;另一方面可通过大运河到达扬州,这就是著名的支那大运河。城有东西南北四门,在德国元帅瓦德西伯爵的命令下,城墙悉数被毁,变为平坦的马路。当时镇海、拱北等诸门的样式,如今已不复记忆,只有一个土墙,不过是环绕津城内外和紫竹林的一个土墙。现在还有一丈高,面积为方圆七里。得以防御同治年间发生的捻匪就是依靠此土墙,天津城也因此留有当年的模样。对这个地方的人来说,这里似乎可以凭吊。其实并非如此。原来的城池阻碍了社会的发展,瓦德西伯爵采取果断处置,毋宁说这是天津的福音。城池如果成为保护生民的条件,保护最终会陷入束缚之中,而且束缚就会成为满足官兵贪婪的利器和工具,当初建城的善意全都没有了,与其说防御流寇,毋宁说是招来了流寇。无论哪个城市,城内完全没有城外富裕,城内仅有旗民、官兵居住,商贾争相转移到城外或方便之地,我们现在说天津繁华并不是指天津城内,也可以说就是这个原因。

天津的语言

天津人的语言可能混有南方的音韵，从经济上看，天津并不是天津人的天津，而是南方人的天津。一日没有南方人，就不能称为天津。南音也可明证。如果仔细分析津音，直隶音内夹杂有南音，甚至还混有山东音，此外好像还包含有山西、陕西地方的各种发音，当然这些不过是语言学家的精细研究。

天津的设备

天津从清朝初年成为重镇，雍正年间添设天津水师营，由满洲都统统领之，专门管理捕盗护漕二事。此外还添设了天津河标营，由河道总督统领，专门负责治河，均和天津镇互为表里。当时有海战，设官卫戍，但由于没有全套设施，逐渐裁并之。道光二十二年（1842）粤浙的海战进而波及到辽海，故再次设立大沽协副将一名，和津镇一起增加新兵四千七百名。咸丰八年（1858）又在海口改设协标，设有左右六营，兵制逐渐增加。但是科尔沁僧王征调的绿旗兵数万人，每年需要饷银数百万两经营海口，在己未、庚申之时一蹶不振。同治初年，大臣崇厚在津沽通永协标内逐次挑选，以士兵三千进行西式操练，这也不是完整的兵备。到了已故李鸿章担任直隶总督，天津的设施才开始完备。李氏半生的心血都放在了天津，建立东西机器局，修建大沽炮台，建立天津水师营，创设武备水师两校，孜孜致力于帝庭的保卫。现在根据李氏的奏议，同治九年（1870）十月二十六日英翰上疏，认为铭军西去畿辅空虚，应该将淮军的郭周两大军队招到北直,对此李鸿章详细谈了天津的设施,现在摘录该疏,以资参考。

津郡的形势以水为险,地处九河下游,现在直隶境内的五大河流,皆汇入城外的海河,并从东入海,郡城独在五大河及海河南面,乃是前明卫城的旧根基,非常狭陋,前明以扼守蓟辽为要。其城河北失险,今日需要控制海港屏障京畿;其城河南也失险,此乃和最近建置相同,必须进行变通。……现在如果占据运河北岸,构筑一城,周围布以石头和船,兼可利用子牙、大清、北运诸河之险,扼住从津赴通的咽喉。只是需要守卫之人。相较海口,尤可依凭,京城亦可遮一蔽多。……臣再三筹划,惟有各省解决。津局的练饷制钱百余万串现在户部,可否准臣在项内动用检查筹办。

该上疏是后来天津水师营设施的基础,站在三岔口的尽头,可以俯瞰居留地。庚子拳匪之乱时,津门的裕禄因循守旧,事不能决,最终将李相一代的心血交予群小之手,结果一败涂地,令人感叹不已。吾等尚还记得水师营归于我军,是在(明治)三十三年七月十四日拂晓,从广州星驰而来的李伯到达三岔口,是在十月十五日的下午。

关于天津的诗歌

元代王懋德的诗:
极目沧溟浸碧天,蓬莱楼阁远相连。东吴转海输粳稻,一夕潮来集万船。

明朝徐中行、谢茂秦、李于鳞诸人登上天津城时有诗:
摇落千山客思哀,城楼面面海云开,渔阳秋色三边尽,碣石悲风万里来。南北烽烟聊对酒,古今怀抱此登台。明朝更有龙山约,羌笛胡笳莫漫催。

清朝朱竹坨八月十五日夜在天津赋诗曰:

北里商歌倚笛休,层城秋色转苍凉。关河西望犹千里,乌鹊南飞更几行。冷露自零从桂树,深杯无那郁金香。习池不改山翁兴,倒载还同旧葛疆。

津钱的计算法

按照清国的货币制度,北京户工两部所直辖的宝泉局及宝源局,有权改铸历代的货币,康熙重宝、乾隆重宝、咸丰重宝、光绪重宝的青铜货就是两局发行的制钱。北京称其为京钱。天津因为京津之音相近,也被称为津钱。现在查津钱的计算法,能够知道津人称为一百文实际上是五十文,一千文实际上为五百文即一吊钱的数量。但是在天津,各种货币的汇兑不断在变化,有时九十九,有时九十六,因此也会给青铜货的银货行市带来显著变动。举一个例子,行市为九十六文,津钱以九百六十六文通称一千文,实际上不过为四百八十文。在九十九文的行市,九百九十文通称一千文,实际上相当于四百九十五文。而且这个九九九六等的称呼都是规定各自行市的单位,现在对于市面上的一元银,其津钱行市如下:

年份	月日	吊
(明治)三十四年(1901)	二月一日	一九五〇
	二月二日	一九五〇
	二月三日	
	二月四日	一九五〇
	二月五日	一九七〇
	二月六日	一九〇〇
	二月七日	一九八〇
	二月八日	二〇〇〇
	二月九日	二九八〇
	二月十日	二九八〇
	二月十一日	二〇〇〇
	二月十二日	二九八〇
	二月十三日	二〇一〇
	二月十四日	二〇六〇

根据上表所示，钱有逐渐下跌的趋势。一看就能想象出我国商人的利益，如果调查属实，或许可以知道这全都是因为战乱时的私钱乱铸。

独流镇和长发贼

天津东北十五六里处有独流镇，以前到王家口的途中要经过此镇。人口约为一千五六百人，镇城创设于明中期，后有团匪之焚掠，前有长发贼之战乱，残败之情景，令人长叹。现在根据蒙古科尔沁王僧格林沁传所说，天王洪秀全已经占据江宁，作为国都。于是派遣丞相林凤祥等人，纠集十万大军北犯，因在天津战败而无法前进，便占据独流固守，咸丰四年正月僧王、大臣胜保和军队合力攻破独流，贼由静海逃亡东城陈官桃园杜九等村，追击并大破之。当时,独流镇实际上是长发贼的根据地,而且现在正遭遇团匪之难。从天津逃亡山东、河南的交通要道王家口,也是距离独流五里、人口约为五千的小镇。这里也是团匪首领张德成战死的地方。张败退天津占据独流,但无法占据王家口。他还沿着长发贼丞相林凤祥的线路撤退,令人感慨良久。

天津的饭馆子

天津北门外有一条狭窄的斜巷,仅能容一辆车通过,当地人称为侯家后,房屋连排,户户藏娇。而且天津的茶园饭馆主要集中在这里,有名的为义和成和聚盛成两家,两者都是支那饭馆,皆能容纳数百人。天津自古以来都是奢侈之地,而且一般商贾谈生意都是在饭馆茶园进行,由此不难想象侯家后的繁荣。现在要问支那饭馆的情况,主要是由山西、山东两省的人经营,南方来的人从事此业的以前完全没有,而且饭馆也都是纯粹的饭店,饭饱之后没有嫖妓的规矩。如果有的话,也是最近出现的一些饭馆。饭馆为了迎合客人的嗜好,可以拿出单子点菜,不过是鱼翅、海参和鸭子,作为一桌的主人还要说明所需的佐料,酒主要是绍兴酒,偶尔也用烧酒,也只是为了迎合客人的嗜好。需要提前预订,艺妓的陪酒也都是一般性的。现在举主要的类型如下:第一是班子,班子是最高级的艺妓,以南方美女为出色,她们应客人的要求,跟随盲者进入大堂,多表演二胡。虽然都需要卖笑,但根据场所的不同不能单以歌曲在杯盏之间周旋。她们拥有各种花名,或曰金翠、金宝或小翠、小宝,睥睨落子一派,乃是昂然位于花柳上流之王者。落子以前在我国流行,类似于白拍子。她们另有歌场,和众落子一起登场,合奏以取悦于客人。在天津最负盛名的是校书双凤。侯家后户数不过七八百家,妓院鳞次栉比,另外还有称为相公下处的美少年妓院,听说近来废除了。现在有津门杂记的小册子,如果对此进行检点的话,能够充分熟悉津门之另一面,兹在此仅略举大要。

长芦盐

其一

北支那的生盐,其产量比四川的山盐还要多,而且价格低廉。我们从冈山县味野的野崎贵族院议员所拥有的盐田和其制作方法来看,可以知道生盐业需要颇为复杂的手段。相反在北支那旅游或在沽上生活年余,你就会吃惊于沽上生盐业会如此简单,北支那的盐还没有解除官禁,现在还不能出口海外,但支那政府果真能够永远维持此法令吗?我想不远的将来就会废除这一违法且不公正的盐法,果真如此,北支那的盐将成为日本的一大劲敌。这不是日本的福音,有利者得胜,否则就会失败,今天我们所关注的是北支那所出产的矿业和盐业。如果知道开平的矿山已经归于外国人之手,那么北支那的盐田不知道什么时候也会被外国人所掠去。以下所录有史,有志,有实例,也有证据,如读者不嫌繁杂,幸甚谅之。

天津不是以农业而立的城市,完全是以盐业才得以在过去获得发展。但是天津并没有占据所有的制盐地,因为长芦的制盐全部配售给天津,才使得其获得飞速发展。长芦盐的产地是沿距离天津东南二十里山东道的沧州附近。沧州是人口有五六千左右的小城市,此地在明代是唯一的生盐场。当时沧州还是长芦汪汪的草荡之地,因此由此地制造的生盐以长芦为名。后来盐运衙门转移到天津,依然沿袭旧名,是为了便于人们称呼。根据顺天府志记载,长芦的生盐以芦台为最好,据说乾隆皇帝曾赐名为芦台玉砂。此外,历代皇帝或以上谕或以诗歌称颂之,并奖励当时的盐政。

其二

如前所述,长芦盐的分配以前由在沧州设置的分配衙门进行管理,其后转移到天津。总之,直隶省的土质在盐分多且雨水少这两点上,先天给了制盐人不少便利,政府也因此垄断其利益,以充实国库。政府自身实行专卖经营,并勾结富商,除了富商之外禁止从事此业。此制度从宋元明一直持续到现在,长芦盐法最为发达的是明代制度,清朝政府于是按此制度,在全国实施盐法,但长芦盐法最为完备。政府除了以前的总督巡抚以外,还设置了皇帝钦派的盐政大臣,而且清国主要的盐运使有三名,近代长芦的盐运使只存旧名,实权已经被收于直隶总督之手,但是长芦盐政之名依然存在。

其三

对于清国将盐业作为政府事业而实行垄断,自古以来就在学者中间有过激烈争论,即一方面主张自由生产论,另一方面主张官业说。我们认为长芦盐先天具有很多生产的便利条件,当然不需要当局特别保护,当然是主张自由产业。此说也有不少人表示认同。但是清政府不断然实行的原因是什么呢?我觉得颇有研究的价值。根据我们的观察,盐课=盐税不能简单视为此乃产盐业的一种营业税。以前北京朝廷是尽可能增加间接税,减少直接税,不过是在减少直接税获得所谓仁政的美名下,掩盖了几万名工人的血汗。从这一点来看,盐税是营业税,也是土木税,过境税,船舶税。而且我们能够断定将这些繁多的税统一附加在盐课一项之内。举京津间的事例来看,从通州到天津,从天津通过大运河的白河漕运,运送南方的贡米等。这些漕运所用的船舶,是天津盐商捐赠的,在京津间就有七八千艘。政府默认盐商独享不正当利益,一方面政府可以随时命令他们进行设施建设并提出要求。在天津,天津都统衙门的门前有一个三岔河口的地方,此地有一个有名的铁桥,而且从天津的北门到西沽方向还有浮桥。这样的浮桥在各地约有四个,全都是天津盐商捐建的。天津的县学和育婴堂也全都是盐商所成立的,我们根据历史和口碑,盐商贡献社会设施的事例都是不可争辩的事实。即很明显政府永远实行官营盐业的原因,乃是增加间接税的一个对策。

其四

直隶省三分之二的地方,都可以视为适于生盐业。北京位于距离大沽海岸大约四十日里的高地,其井水还富含多种盐分。通州位于距离白河河口上游五十日里处,夏天干旱时,白河沿岸一带都能看到晶莹斑斑的生盐。此地在潮水涨落时尤为显著。以前如果北京地区遭遇多年未有的大雨,长芦的生盐就会非常匮乏。其时,一般人只能吃白饭。有一个老婆婆站在街头向市民讲解,她说汝等无须发愁,汝等煮房下之土就能采出生盐,市民根据此法制作私盐,幸免于吃白饭。这是小说家之言。而且这些地方全都属于距离长芦地区超过三十日里或二十日里的山地。据天津领事郑永昌说,直隶有的地方有池盐,土著居民都依靠这样的池盐生活,偶尔长芦的生盐到这个地方时,说是大盐来了,觉得非常好。闲话少说,我们在这里说明的长芦地区在哪里呢?即从大沽的河口至南北两海岸直隶省一带的海岸,深入内地四日里至十日里的地方,全都可以出产长芦盐。《长芦盐法志》记载有丰国场、芦台场等十余家盐场,天津地方的盐场在白河三岔口的作用下,逐渐向下游转移。昔日咸水沽地区也有著名的盐田,现在都已经荒芜了,仅在塘沽上下有零星存在。

其五

　　制盐的方法只能依靠风力和日光。等待涨潮之际,制盐人将海水蓄到盐池里,其海水经过风车带动的运水机,将其导入盐滩即盐田,其导入的线路是通过大小规矩的沟渠,引入盐田的四周。盐田的地面从中央到四周逐渐增加倾斜度,而且盐田的地质不过是简单地将粘土加固推平。根据日光和风力的强弱干湿多少有些不同,但大概经过一个半昼夜,就能看到一次结晶。将结晶的东西搂在一起就能制盐,这是非常简单的方法。根据《长芦盐法志》介绍,盐商从政府获得一张盐票,而且只能从盐场购买此盐票所记载的生盐量,并将其打包,每包为二百五十斤,向各地出售。日本对辽东半岛的生盐进行了调查,一石的实际价格为十六七钱,当局吃惊于其廉价,在生盐地方,最合适的地方是芦台海岸,乾隆赐名为芦台玉砂已如前述,如果我们以长芦盐与松永和赤穗的生盐相比较,其结晶形状要比这些盐大且苦味小,不幸的是长芦盐还没有专门的技师进行勘察,很遗憾我们无法给予明确的化学成分说明。只能在此保证制盐法的简单、制盐的地区以及能够廉价生产。

其六

　　天津城外有一个叫老龙头的地方,从这个地方上下,沿白河河岸有很多丘陵,这就是被称为盐丘的盐堆。其高三丈有余,内有七八间,向后方倾斜。这些盐丘储藏着天津盐商共同拥有的熟盐,因此这里处于盐运使的监管之下。即从生产地搬运出来的生盐,在此地按照规定打包成为熟盐。近年生盐的发展非常显著,每年都剩余三十余万两的盐额。明治三十三年(一九〇〇)六月,天津紫竹林被围之际,团匪潜伏在此盐丘包围夹击居留地,这个盐丘给我们留下了难忘的印象。闲话休提,天津盐商利用何种方法经营亦值得研究。现在摘录部分内容,第一领引的手续,在盐法上的引字是买卖盐的执照,这是沿用明代的名称。盐商要从事此业时,要以亲戚连带保证当事人的身份向盐运使申请,于是盐运使经过调查允许盐商从事此业,一旦被公开允许的盐商,春秋两季要向盐运使请求引的数量,引的性质分为营业税和生盐税,限定为一引三百斤。营业者只能根据自己指定的专卖区域的引额,从盐滩购买生盐,不能出售引额以外的生盐。盐和引两者因为如此密切相连,即政府假定天津县一年需要几千万斤熟盐,按照其数量决定引数,并向盐商下放,盐商只能在规定好的地方进行买卖,不能越过边界。如果商人在专卖区域内销路不畅,按照规定可以将其转卖给别人。长芦的引地区域非常广阔,远至直隶、山东部分地区、河南三地,府县州镇都要接受盐运使的详细分配。如此一来,不要说盐本身的买卖,就是销售区域,都被政府置于一定的法规之下,无论别处有多么廉价的生盐,人民都无法购买。弊端百出全在于此,政府鼓励所谓私盐制裁。所谓私盐即是走私,没有政府的执照,就从事买卖。前明制定了钱法、茶法、盐法等大力鼓励盐业,清朝亦继续沿用此盐法。《石渠余纪》的"纪盐禁"中如此说道:"小民以利枉法者二,曰私铸、私盐,私铸如果不比官钱滥而坏就无法获利,私盐如果不比官盐美且便宜就无法获利,特别以引课佐以上、度支,不得不厉行禁止。世祖入关之日威令严肃,奸民未敢违反。雍正之初,运河口稽查私漕,六年严禁官引私销,时湖广盐贵,奸商汝密以行销各县的淮盐运销湖广,转而以芦盐私售汝密,以所过州县而获利,而且汝密终岁不销一引,谎称民间不食官盐,上奏说造成民累。于是命令州县督销,时淮盐南侵,浙引难销,以镇口闸口缉私,浙江总督李卫奏议,请求在江南实行私盐十家连坐法。"

其七

道光年间,盐务一时呈现衰退。根据当时的记录,长芦的行盐销售地为直隶、河南二省,引额为一百零一万六千四十六道,每引行盐三百斤,征课银四钱六分六厘至五钱一分四厘。场税合计八场,征银一万三千余两,盐价每斤钱二文五毫至十四文,每年引额税为征银六十四万七千三百七十三两。而且从道光二十一年到二十九年实际征收五十万二千五百五十三两。最近行盐销售地为七十六万左右。由此观之,长芦的盐商在道光以后就不断遭遇边警海盗,遵照政府的劝告,在盐税中加入一项抬枪费,充作政府的制枪费用。还有虽然年代不明,但北京政府在国库丰裕之际,将五百万两强行贷给天津的盐商。盐商其后到咸丰年间连本带利归还,政府现在以盈利为目的,从没有任何关系的津商处征税。总之,我们所记录的还不足以介绍长芦盐,但是直隶的制盐业因具有颇为引人注目的价值,可以说北直利润的一半都在这里。我们相信清国会一直禁止出口,但是作为政府行为这是不可能的。而且有人主张为了政府考虑也应该断然交由民营,作为商品出口海外。

松江李雯所说盐场的生产犹如五谷之地的生产,以场定额说之后,将来不管何地,都应该国民两利。还有人说天下皆私盐,天下皆官盐。此论很是流行。丘仲深的《大学衍义补》谈及海运,而且印证杜子美的诗:云帆转辽海,粳稻来东吴。予也引用子美的诗说:蜀麻久不来,吴盐拥荆门。按照今日之法,如果都有行盐地界,吴盐安能至蜀地,人人称颂杜诗,但是不知道此故事,所谓诵诗三百,授之以政不达者(顾炎武)①。

其八

根据光绪会计表,长芦的盐税金额为九十万七千二百四十一两九钱一分三厘,实际征收最多时为八十三万九百九十四两七钱一分一厘,最少时为七十九万九千七百七十四两六钱二分八厘。根据光绪辛丑秋季的《大清缙绅全书》,长芦都转盐运使司盐运使加敕管盐法道事由江苏金匮出身的杨宗濂担任,已故的李伯作为直隶总督,也负责长芦盐课。

---

① 此文援引自《亭林文集》卷六《方月斯诗草序》,顾氏原文是:"子曰:'诵诗三百,授之以政,不达;便于四方,不能专对,虽多亦奚以为?'若方子者,吾望其能从政继先公为名医矣。"

四、北清见闻录

高濑敏德,生卒年不详,字花陵,日本肥后国(现为熊本县)出身。1902年8月作为北京东文学社(1901—1906)的日本教官来华,担任教职之余游历中国北方,根据自己的见闻记录了北京及其周边地区的中国人的风俗习惯、历史地理等情况。并将这些汇编成书,即《北清见闻录》。高濑还将1903年2月、3月、6月三次滞留中国的通信,以《支那事情》《支那所观》为题,寄给本乡教会机关报《新人》发表,后来也都收入该书。另著有《公爵伊藤博文》(文明堂1909年版)、《武勇少年:教育史谈》(实业之日本社1914年版)、《九郎判官源义经》(文明堂1913年版)等书。

本文节译自《北清见闻录》(金港堂1904年版)第9—15页。

大沽港

(一九〇二年)九月五日早晨,我看到太阳升起,却茫然不知其地。船正在乘风破浪前进。下午二点,看到远处帆影往来,逐渐热闹起来,海水逐渐变得浑浊,我才知道大沽港近了。船慢慢前进,海水犹如浓稠的酱汤,船就在这里停泊。附近停泊着七八艘汽船。支那帆船也有很多漂浮在海上。我明白终于到了大沽港。直隶的大平原在哪里?大沽的市区在哪里?我犹如被丢在了遥远的西方。除了大小船只外,看不到任何东西。船仍是停泊在大沽港外的十里之地。

天津门户

大沽是天津的门户,此地淤积了白河带来的泥沙,填埋了海滨,船舰难以靠近河岸。从清国的防备上来说,可以称之为天然要塞。但是从天津的商业利益上来说,也没有比这个港口更为不便的了。天津是北清贸易的中枢,前途非常有希望,现在更不用说了。其货物供应之处包括直隶、山西全省及山东、河南一部,甚至远达蒙古、陕西、甘肃。和丝、茶叶一样,支那的一个重要商品是蒙古、陕西、甘肃的羊毛、骆驼毛,全都在天津聚集,然后出口到国外。但是作为其门户的大沽港却非常不方便。疏浚白河显得一刻都不能懈怠,要想制服泥沙下流的自然之力,其所需要的人工和财力很难让人持续下去。总之,天津贸易进出的大道是京汉铁路、京榆铁路及津镇铁路等专门铁路,其海上门户可能会从大沽转移到秦皇岛。

我们换乘到前来迎接的帆船上,向白河河口前进,水天一线,直隶大平原也逐渐出现在眼前。帆船往来各地,初见还别有一番趣味。

我们继续前进,看到残破的炮台矗立在白河两岸,犹如拳匪之乱所竖立的纪念碑。走近一看,在其左岸的炮台上,太阳旗仿佛在宣示着国威,让人心情愉快。但是炮台全都被毁了,没有一个完整的,甚至还能看到外国士兵在白河河岸往来行走。不能不让人为清国的衰败而怅然叹息。经过几次左转右突,我们才得以溯白河在塘沽登陆,前往天津的火车现在已经停止发车,我们只好投宿在日本旅馆。名字虽然是大旅馆,其实只是借用支那人的房屋开设的,房间非常狭窄,也没有怎么装修,甚至连家具和床都不完备。

塘 沽

进入白河后,最右岸的是大沽,其后是与右岸相连的西沽,西沽之后是塘沽。塘沽在白河左岸,和西沽斜向而对,是一个小镇,但是有车站,各国军队还有少量驻军,街面比较繁荣。

散步之余,我又到城外看看,各国军队所破坏的房屋还保留原样。回想起战时的情景,此时远处的夕阳逐渐消失在广漠平原的地平线上,荒凉之感骤然涌上心头。

回来进入镇里后,各处的舞厅等场所,各国士兵正在喝酒唱歌。伴随着音乐的强劲之气,他们舞了起来。这种声音和喧哗会让清国人作何感想呢?即便在旁观者看来,也感觉他们实际上非常可怜。毋宁说一般人又都是毫无感觉的。只要能够出卖物品和劳力,并多少获得一些利益,他们就很满足,难道不是吗?看看这些苦力,再看看市民和巡捕,应该表现出来的清国精气神,究竟去了哪里?

车 站

第二天即八月六日清晨,我用裹着砂砾的浑浊白河水洗脸、刷牙,早饭也是草草了事。我赶去车站查看,发现这里只有一个卖票的小事务室和宽广的站台,候车室等各种设施都没有。驶来的火车一天只有三班,第一班和第二班到北京,第三班到天津。

我买了二等车票,乘坐七点出发的第一班火车。客车虽说是二等,但只相当于日本的三等火车。因为是宽轨,车厢内有点大。我去三等客车看了看,发现这是支那人专用的,连车棚都没有。乘客全都仰望着蓝色的天空,坐在货物中间。

火车出发了,首先看到的是罕见的直隶平原,从车窗望去,大地全都是茫茫一片,一望无际,让人深感平原之辽阔。可能是白河不流经之地,从点缀其间的杨树缝隙间,我能看到三四个樯橹。塘沽附近多有盐田,稍微再往前走点,多是高粱地,也能随处看到粟、胡麻、花生、大豆等作物。沿途的车站都非常简陋,上下车的游客也非常少。

我继续前行,在前面铁路的左侧,看到并排的西式砖结构建筑,而且现在还有很多房屋正在建设。这就是天津的各国居留地。列车不久到达了天津站。天津既是北清最大的贸易市场,也是现在总督府的所在地。在此上下车的乘客也很多。虽然车站并不大,但是该车站带有事务室和休息室。横跨在铁轨上的天桥没有顶棚,犹如彩虹耸立在空中。

天津车站

天津以北的车站都是简陋的小车站,没有一个值得看的。沿线的村庄、田野也都没有什么变化,只有初次旅行的我们,对于所看到和听到的感到新奇。那就是列车每到一个车站,就会有卖东西的男孩子吵闹着围过来。他们不同于日本各车站的小贩那样往来于车站从事买卖,而是往来于铁轨之上卖东西。如此一来,多半会给旅客的上下车带来麻烦。由于上下车并不怎么频繁,因此也没有那么危险。高高的列车里面与低矮的铁轨上面进行商品和金钱交易非常不便。到了夏天,卖的东西以林檎、梨子、葡萄等点心为最多,另外还有面包等各种支那点心、煮鸡蛋等东西,也有啤酒及其他各种白酒。价格不定,还价就会上当。对于瞬间开动的火车,这样的买卖应该非常悠闲,但是他们为了买卖而不得不争抢客人,因此对购买者非常热情。其后他们会带来十钱或二十钱的银元,央求兑换一元的银元(这些钱币都是清国通用的银元,一元相当于日本的八十钱左右)。一是为了方便没有零钱的旅客,二是自己也可以从差价中获利。因此,稍不注意的话就可能会被恶劣的小银元蒙骗。一元银元通常能换十一枚十钱的银元,如果不知道这些,你马上就会被骗。

随着火车的前行,从东北到西北,我们能够看到遥远的前方有连绵的山峦。从山海关到八达岭,远方也都是连绵的群山。列车左侧看到的最近地方是山西。下午二点到达前门车站(北京站),

它位于正阳门的正左侧。京汉铁路的起点北京站就在这个正阳门的右侧。

五、天津的两晚

小林爱雄(1881—1946),东京市人,东京帝国大学英文专业毕业,诗人、词作家和诗歌翻译家。曾在《朝日文艺栏》中发表反自然主义的文章,代表作有诗集《歌剧的研究》《管弦》等。曾任早稻田实业学校校长等职。1908年底来中国旅行,并于1911年出版了《支那印象记》。

本文节译自小林爱雄著《支那印象记》(敬文馆1911年,小岛晋治监修:《幕末明治中国见闻录集成 第六卷》,1997年ゆまに书房)第172—185页。

白河之岸

在天津车站,我见到一位揣着手的男子,好像打手似的。因为知道我们要来,当地有些朋友为我们提前预订了扶桑馆,也有人命令常盘饭店①做好准备,可这位男子说:"就住到我们那里吧。"于是我们听从了他的建议。马车到达领事馆后我们才知道,这位不知是何许人的男子就是领事小幡酉吉本人。

小幡先生让我联想起荒尾让介②的风采,他峻峭的眉宇间洋溢着英姿飒爽之气,是最适合在中国作外交家的一个人才。上了领事馆的二楼后,他连声喊道:"来人……来人,快拿煤来……煤。"他还幽默地说道:"青山君是医生,感冒了也不怕。"多亏领事馆的一番好意,我们才免受住在日本旅馆的痛苦。实际上我很想住在日本人经营的旅馆中,但那些地方一般没有御寒措施,被褥及其他条件也差,总感觉不舒服,而且还有小费之类的麻烦问题等着你,非常烦琐。

领事把火烧得很旺,屋内渐渐暖和了起来,我们不停地举杯喝威士忌。不知不觉中就喝多了,只好到旁边的房间睡下了。

翌日早晨,我们拴好马车出了门,路过英、法、俄等国的租界。天津没有其他城市中常见的城墙,据说义和团运动之后,在列强的强烈

---

① 常盘饭店:当时日本人在天津开设的日式旅馆。
② 荒尾让介:日本作家尾崎红叶的作品《金色夜叉》中出现的人物。

要求下城墙被拆毁了。列强的租界位于白河两岸，都是三四层的砖瓦建筑，看上去像是欧洲大都市的缩影。中国街道只有这一带比较有气派。袁世凯在此做直隶总督的时候，为了和各租界相对抗，为了实现中国街道的繁荣，建造了大批气派的砖瓦结构房屋，因此构成了其他地方难以见到的秩序井然的中国街。尽管对袁世凯有这样那样的评价，但他绝不是一个无为之人，肯定是个有作为的了不起的人。虽说长期处于失意之中，正在乡野隐居，但将来必定会大有作为。在他即将倒台之前，他曾遭刺客袭击，九死一生从北京逃了回来。当时还爆出了他挥霍二百万两的事情。不过，其中有不少钱用在了学堂建设中，并不能一概而论。比如说天津市车站的建设，就是袁世凯为了抢夺居留地的财源而兴建的，他希望能够靠距离中国街较近的这个车站来吸收旅客和货物。为了与法国人等经营的医学堂对抗，袁世凯注入了莫大的心血苦心经营了北洋军医学堂，由五名日本人执教，有二百多名学生，听说完成五年的学业后，马上就能成为相当于上尉或少校的军医。而且入学的学生之前未受过教育，教师们肯定非常辛苦，不过，现在规定必须中学二年级以上的人方可入学。楼上是宿舍，一个学生带着数位仆人的现象，百分百地带有中国特色。伙食费是六元，也有单人浴室。有鸭子之类的美食，不过听说这里有日本式的伙食惩罚。还听说这里的学生有很强的背诵能力，但缺乏创造力。现在此学堂的主要负责人是平贺一等军医正。

餐桌上的眼泪

领事馆的午餐会上聚集了十余人，围着桌子坐了一圈又一圈。人们品尝着中国菜，喝着绍兴酒，兴趣盎然地交谈着。突然看见有一人站起身,先咳嗽一声清了清嗓子。这人是本地的小松崎医生,平日少言寡语,所以让在座的人都惊讶地瞪大了眼睛。

"我一定要感谢青山博士。"从他的唇间冒出了庄重的声音。

"想来已是十二年前的事了。我在台湾的时候,意外地染上了可怕的黑死病。在当时,还不知道是应该化脓,还是摘除。而且,那是把黑死病称为疟疾并等同视之的年代。我的病情日益加重,逐渐陷入了神志不清的状态。那时候……在我枕边突然出现了青山博士,并为我诊病。"

人们都惊奇万分。

"博士说,只要摘除必能治愈。我刚想说'博士,欢迎您来到台湾'时,发现那是一个梦。啊,原来是梦。虽说是梦,也是难得的建议,于是我告诉了医生。医生按照这个建议,尝试了摘除的方法,结果病魔一天天地退去,我重新恢复了健康……不可思议的是,当时我与博士素未谋面,但在梦中清晰地看到了博士的相貌。病愈回国后,从朋友那里拿到了博士的照片,我梦中见到的模样竟然和照片丝毫不差。博士是我的救命恩人,是我的救星。我一直想去博士家中拜访道谢,但至今仍未如愿,现在博士就在我眼前,请允许我在此表达诚挚的谢意……"

在场的人一时都说不出话来。医生强忍泪水坐在了位子上,恭恭敬敬地把酒杯端到了青山兄的面前。我自己也不禁被这真诚的故事所打动,忘记了一切,热泪盈眶。

他乡的雏妓

傍晚,我们乘坐马车到日本租界。租界的房屋都是砖瓦建筑,类似柳原街①,是大杂院风格,缺乏品位。据说这是东京建物会社建造的,现在仍有大量空房等待着前来创业的人。遗憾的是,目前只能说我们的商业萧条。其中一个原因在于黄金和白银的行情差异,不过还有一个原因,就是商业家们的轻浮。他们即便到了海外,如果只打算挣点钱就回国,那么根本就不可能获得成功。西方人都在此落脚踏踏实实地创业,并将其作为终生的事业,可大多日本人仅以短期的小成功为目标,因此,就算不以失败告终,也无法指望获得大成功。不过其中也有像本地武斋洋行的竹内先生那样的人物,他来中国后经过二十年的独力奋斗,今天在英租界一角巍然矗立的大建筑物中,生意兴隆。可以说是这里实业界的第一人。

走了一段路后,我们看到了剧院。这是现任伊集院公使以前做总领事的时候在此建造的,剧院的建设明显带动了周边的繁荣。在中国,特别是在北方,剧院和社会具有密切的关系。和人交往要去看戏,招待客人要去看戏,诸如此类,在社会结构中,剧院是不可或缺的组成部分。戏剧业正是看透了这种形势,所以才能发展得如此红火。

马车不停地向前奔跑,最后来到了租界边界。租界边缘地带是一无所有的草原空地。我告诉车夫要去日本人俱乐部,车夫好像早已知晓似地照样往前走。正当我摸不着头脑时,马车在"台球场"前停下了。"不是这里。"我赶紧说道,但是对方听不大明白我那不靠谱的汉语。我有点慌了,只好让马车继续往前走,突然到了松崎医生的家门前。我终于松了一口气,于是拜托松崎的家人乘上马车带路,穿过小胡同,终于到了俱乐部。因为我迟迟不到,俱乐部正在商

---

① 指日本东京都千代田区从万世桥到浅草桥的街道。以前有许多旧衣店。

量是否需要派人去领事馆接我。

日本人俱乐部是一栋很大的房子,这有点出乎我的意料。居住在此地的两千日本人中,有二百人是这里的会员。今晚,其中的三十多名代表在此举行欢迎会。打台球的声音停下后,人们陆续聚集到了里面的房间。不一会儿,饭菜就端上了桌。此地的十余名日本艺妓为我们斟酒助兴。

在此,我想简单介绍一下艺妓的情况。与我国商业在海外的发展尚未兴盛的现状不同,红裙队①却不远千里地来到异乡,足迹甚至踏遍了穷乡僻壤。就连在汉口这个从上海需要水上航行四五天才能到达的城市,也有四五十名艺妓。因此,她们在北京、天津等地活动也是情理之中的事了。要说这些人的出生地,最多的是山口、福冈一带,以大阪为界,没有一个来自大阪以东的地方。北京是首屈一指的名妓居住地,首先让人感觉怪异的是名妓身上那与衰老大国相匹配的装束,她们从容不迫的举止也颇为奇特。这些老练艺妓暂且不论,可怜的是那些雏妓。

今晚的宴会上也有两三名雏妓。其中有一位十四五岁的女孩子,看上去弱不禁风,就像在花盆中养育的花朵,战战兢兢地为客人们斟酒。

我禁不住脱口说道:"真可怜。"雏妓从怯生生的嘴角露出了寂寞的微笑。衬领上冰冷地残留着白粉印,友禅娟的和服像乡下的舞蹈服,染出了怪异的对比色调。一个看上去年龄稍大些的艺妓在旁边说:

"这孩子,老家在山口,一直嚷着想做雏妓,做雏妓,可出来后

---

① 红裙队:日本明治、大正时期流行的一种对艺妓的别称。

又觉得辛苦,现在就想回去。"

离开故乡的人之中,也有像船员那样性格粗暴大胆的人。他们攒了钱后,想干什么就能干什么。如果被这些人缠上,这个雏妓的命运将会怎样?可谓是无处可逃,欲哭无泪。一晚的狂风暴雨。小女孩的一生已落入恶魔之掌。

我想从中国购买带回国的东西,是南京的驴子和天津的雏妓。

六、津门游记录

　　前田利定(1874—1944)，日本东京都人，毕业于东京帝国大学。1894年作为步兵中尉参加了甲午战争。其后进入政界，历任贵族院议员等。1922年任加藤友三郎内阁的递信大臣，1924年任清浦内阁的农商务大臣。1944年1月辞去贵族院议员，同年10月去世。

　　本文节译自前田利定著《支那游记》(非卖本，民友社1912年印刷)第129—139页。该书是作者在1912年在中国旅行途中偷闲所做之素描，随记随送友人和朋友。此次旅行，前田在上海登陆，然后到苏州、南京，溯长江到芜湖、庐山、九江、汉口，此后沿京汉铁路到河南、北京、天津。然后乘坐火车，到达营口、大连、旅顺、长春、哈尔滨等地。

入住宾馆

(一九一二年六月十八日)游览八达岭后下山,先回到北京,然后从北京前门的车站乘车前往天津。这条铁路完全由英国人经营,如果将大小几个包交给火车托运,即便只给你一张收据,也不会出现任何差错和问题,你可以直接在天津接收行李。真不愧是英国人,具有注重自己的准确和信用之风,令人敬慕。在我国,即便给你几张收据,也经常会出现行李迟到,或被运送到不知道的地方,让人时感麻烦。和我国的铁路相比,让人大赞其良好之风。铁路经营者、乘客都从内心注重公德,我觉得我国的铁路也应具有这样的良好风气。来到天津,我投宿在利顺德饭店。饭店位于英租界大道(维多利亚街)上,道路两旁的树枝遮蔽了酷热的阳光,绿树浓荫,街头充溢着清凉之气。道路两旁鳞次栉比的官衙、官宅、富商之家,因为树木森然而被遮挡住了,树枝盘旋屋上。进入旅馆犹如进入别墅,在热闹的城市之中能有这种感觉,颇令人愉悦。

支那伙计红茶过晌

宾馆院里无蝉鸣

明治四十五年(1912)六月十九日晚记于天津客店

从贸易上看天津的价值

天津是北清第一大商港，最近其输出入总额达到了一亿两左右，将来蒙古、山西等地的铁路一旦铺设完成，天津向这些地方的贸易扩张当更有可为。现在将最近三年间北清各贸易港芝罘、青岛、秦皇岛和天津的总贸易额比较如下：

年份	天津	青岛	芝罘	秦皇岛
1908 年度	82545140 两	32080605	43851743	6660238
1909 年度	102401605 两	40250020	44310824	1063068
1910 年度	101523401 两	43750411	36328033	2824012

如上表所示，天津的贸易额大大超过北清其他港口。仅看四十三年度（1910）的贸易额，达到了青岛的两倍半，芝罘的约三倍，秦皇岛的约九倍。进一步来说，将天津和全国其他港口的贸易额进行比较，虽然还远远达不到支那第一商港的上海，但是和汉口、广东两个市场已经不相上下。至于其他各港口，没有一个可以和天津相比。现在将这四个港口的贸易额及支那总输出入额对比如下：

（单位：两）

年份	支那全部	上海	汉口	广东	天津
1908 年度	834997085	137801020	120038293	103696530	79454733
1909 年度	939722755	161118426	125296609	107067267	98752584
1910 年度	10007947756	172923114	135299167	113766687	98090355

从上表可知，天津的贸易额处于支那各市场的第四位，约占支那总贸易额的一成。如果合计吞吐量，则是呈现出逐年增加的趋势。关于天津的直接进口额，如下表所示：

(单位：海关两)

国别	1910年	1911年
日本	9734076	10336199
英国	5538348	7040576
德国	5053113	4274722
香港	3404453	3628062
美国	2806413	3118290
比利时	2080163	1978095
荷属印度	1010502	1442692

从上表来看，天津的直接进口国中，日本占据首位。近来直接交易最为显著的现象是，支那本国商人的势力下降。预计未来不出十年，可能在天津的直接进出口中，就看不到支那商人的影子了。

北支一带以前并没有盛产货物之地，而是一大消费地。天津地方的风土、气候都不好，因此缺乏物产，人民文化程度甚低，也没有什么置产兴业的政策，因此进口多，出口并没有随之而来。因此，天津港的生命在于进口而非出口。查看天津港每年的贸易额，进口占到五至七成，出口不过一成而已。近年由于交通运输稍为便利，已经不如昔日那么比例失衡，但是出口也很少超过进口的三分之一。从去年开始，出口猛然占到了进口的约五成。天津贸易由此呈现出面目一新之迹象，不用说这是因为一般贸易额的增加。特别是因为棉花、大豆、花生等出口产品的显著增加。另外作为出口商品，牛骨、棉花、花生、核桃、胡麻等将来仍有很大发展前景，将来天津出口贸易的发展应值得期待。

在对支贸易上，日本与欧美诸国相比，在各方面都具有优势地位,这是值得祝贺的事情。二十七八年战役①后,通过日本的支那商人,我国产品在天津市场开始逐渐增加。三十三年事变②后,由于日本专管居留地的经营,尤其是三十七八年战役③之后,更是得到迅速发展。甚至出现了我国商人独霸天津市场的局面,颇令人欣慰。战争的惨祸在人道上当然应该尽力避免,同样在国家财政经济上也应努力规避。因此,消耗掉巨额军费,失去了几万壮丁的生命,这在二十七八年战役、三十三年北清事变中都是如此。在三十七八年战役中,更是严重。但是在对支商业上和政治上,犹如雨后春笋,无论是在长江流域还是北清方面,每一次战役的胜利,都会增加一些光彩,使得日本获得异常的发展。这不但是旅行者所能够耳闻目睹,各种统计表也能显现出来。不时让人惊叹现今战争的胜利与商业、政治上的密切关系。战争固然是极为悲惨之事,但是对于战胜国的国运也能带来非常好的结果。

李公祠

为了向后世永久表彰李中堂的巨大功劳,官民奉旨一起建立了李公祠。此处存放有李中堂的部分骨骸。从外观来看,殿堂建筑要逊于明代的水平,但是如果只是从这一祠堂本身来看,仍是壮丽之一宇。令人诚惶诚恐的是,在祠堂首次看到前清皇帝的御笔和已故皇太后的御笔。颁给逝去的伟大人物以缅怀他的忠节的匾额、对

---

① 二十七八年战役就是我们通常所说的"中日甲午战争"。
② 三十三年事变,就是我们通常所说的"义和团事件"或"义和团运动"。
③ 三十七八年战役,是指1904–1905年发生的日俄战争。

联等,也随处可见。尤其是大笔挥毫所写之"国家柱石"的大匾额,竟是袁世凯手迹。仅是书写人就非常引人注目。追悼中堂、书写"国家柱石"的袁,和中堂逝去后共和民国的今日之袁,究竟哪一个是国家之第一人呢?袁非常自重,以国家柱石自称,以获得宪政之美果。我为其国民而祈祷。

夹竹桃之花

阳历六月二十日下午一点　钟洁尊候
席设交涉公所　　　　　　名正具

承蒙都督的邀请,我得以参加他设宴招待的午餐。在漂亮的西式建筑内有很多房间。在天津,这也是数得着的建筑。从马车往返处至大门的玻璃窗下,红白相交的夹竹桃花盛开。与此交相呼应的是美丽的花芙蓉也正盛开,有芙蓉之美。在鲜花掩映的小窗户里的帘影下,无论是大官之妻,还是将来后堂君宠集一身之人,很少有东洋人成为支那妇人。她们的出行只能透过墙缝才能看到。

大官之妻和窥探的花芙蓉,
打开的小窗传来窃窃私语。

（作于交涉公所）

明治四十五年(1912)六月二十日夜在天津客舍

白河帆影

早晨九点,我们乘坐邮船会社的永顺丸,我从天津前往白河下游。

入杆测水深的船员，

无声之夏的河风。

（作于白河船中）

虽说是白河，其实是黄浊的河水滚滚而流，给人的落差甚大，真是天下之大滑稽。根据支那通的解说，此河原来蜿蜒曲折，其弯道近百，故昔日称之为百河。后来河势变迁，成了九十九道弯的河，所谓百去其一，故名白河。虽然水之颜色大煞风景，但两岸的水村风光不可弃也。垂柳芦荻淡青浓绿，在晨风中前行的船夫将长长的竹竿插入水中，站在船舷喊出河水的深度。"咳呦，划呀"的呼声，"咳呦"能清楚地听到，而"划呀"的声音却很低沉，顺着河风而去，听不到。耳边传来一种凄惨的声音。河床成了芦苇洲，需要来回往返才能前进，船的帆影、烟囱的黑烟，向远方飘去。

塘沽和大沽

三点左右，我们的船暂时停靠在塘沽岸边。一望而知此地乃盐田。上岸查看盐田，让我感到稀奇的是将水引入盐田的装置。这是从一个圆形的中心轴，伸出八根横出的木棒，木棒上立着同样数量的柱子。上面装有帆，借着风力转动八张帆，存储风，使其转动，由此带动中心轴随之旋转，而在此轴下面露出的一根细棍，其前端附有一个构造简单的小水车，顺次将水带上来，将咸水注入盐田。这种制盐法就是所谓的天日制盐法。盐田到处堆积着盐山，如果到附近去看的话，还有很多夹杂着沙子的盐山，间有上等盐。塘沽下游是大沽，南岸和北岸还有炮台遗址。北炮台，以前白石大尉最先攻入之地，获得了最大的功勋。这里也是服部中佐战死之地。大沽河口如果退潮，就难以行舟。因此我们只有待到涨潮才能出渤海，转乘停泊在海上的营口丸。船不久驶离了渤海湾，迎风破浪前进。支那之山河，今天是最后一次相见了。

犹如和恋人分别的心情，

　看消失在波浪里的支那之山。

（作于营口丸船头）

七、天津五日记

内藤久宽(1859—1945),日本新潟县人,明治大正时期的实业家。1888年与山口权三郎等人合作设立日本石油株式会社,担任社长。后曾担任众议院议员、贵族院议员,还曾任日华学会理事。另著有自传《春风秋雨录》。

本文节译自内藤久宽著《访邻纪程》(民友社,1918年5月印刷,1918年6月发行,1918年8月再版发行)第95—102页。《访邻纪程》的书名为章宗祥所题。他于1917年10月27日到达天津,10月31日离开天津前往北京。在天津停留的时间为五天。

穿过一望无际的奉天、直隶等地的平原,在火车上度过一晚,我于(一九一七年)十月二十七日(晴)早晨六点四十分到达天津。奉天距离天津有四百三十六英里。支那的火车一等车称为头等车,二等三等也是如此称呼。食堂车称为餐车,不过其西餐远比日本的餐车便宜。在这个京奉线的列车上,乘务员、轮机员及其他人员全都是支那人。资金来自英国,奉天站有一个英国人。

我投宿在日本旅馆常盘屋。上午十点左右,由于松平总领事访问日置公使,我借此机会与他商谈。

天津的水灾还没有完全消退。大路上的洪水开始逐渐消退,但有时地板下面还会出水,大部分人都会掀开地板,像东京那样进行大扫除。工作也没有完全恢复原样。在松平总领事的带领下,我去视察受灾地区。

天津水灾图之一

天津水灾图之二

我们前往设立水灾救济事务所的公会堂,途中洪水浸漫。公会堂位于稍高的地方,水还没有漫到地板上。但是仍需架桥渡过,在这附近坐船,然后从本愿寺有塔的一边进入水面,最终行至堤防,这是为防洪水而修建的。这个堤防是军队建的,是为了拦截来自法租界的洪水,和日租界部分地区相连,里面的水由水泵抽出。堤防外面是一望无际的患漫大海。据说这一带都是农田，平常是没有水的。为了进行救助，满铁派出了技师加藤与之助，还临时送来了几台三千吨至五千吨的排水泵。此外还提供了其他排水设备，其中也有一些滑稽的事情，那就是收集了几百台机器，类似于日本某些地方农民使用的足踏排水器，对于小洪水还多少有些效力，但是在水灾如此严重的地方，这是没有任何用处的，而且一旦出现损害就无法使用了。日租界还有三分之一泡在水里，距离房檐两三尺处还都是水。有二楼的人家就住在二楼，但大部分人都转移了。放眼望去，水灾中的天津犹如意大利的水乡威尼斯。威尼斯有称为凤尾船的船只往来出行，此地只有临时预备的大舢板。这种小船里面放有小凳子，让人觉得很像凤尾船。其桨的使用方法，日本是向外划；在中国则是向内划，这和凤尾船一样。我还听说水灾救助金也已经齐备了，现在还没出现救济不足的情况。作为心意，我也向居留民团理事长天野健藏捐款若干。

当天下午七点，我出席了领事馆的晚餐，和日置公使同桌，吃了日本料理。席上坐着邮船会社、三井、三菱、大仓各支店长诸人。

十月二十八日，晴。上午十点左右，我乘坐马车游览码头，并访问了法租界的增田洋行，会见支店长堀笼虎之介，委托他进行各种调查。夜里在石光司令官邸吃饭。

十月二十九日，晴。早晨和松平总领事面谈，晚上得到邮船会社深野志磨、三菱土屋彦俊、三井大村得太郎、大仓组大崎新吉及其他实业家们的宴请，在神户馆吃饭。

十月三十日，晴。上午在市区散步，访问了加藤洋行，经理西村东　郎向我介绍了该店的商业情况。该店经营各种杂货，并且到支那内地、蒙古推销砖茶，回来时进行皮类贸易。据西村说，进入支那内地，如果与支那人一起吃喝，每天只需十钱就能旅行。

下午访问周自齐，因为他不在，未能与其谋面。他的住宅最近被亚米利加人所收购，是一座富丽堂皇的西洋馆。此外，我又从此地的日本人商业会议所书记长松村利男获得各种调查资料。他是新潟县柏崎人。

天津位于北京东南二十九日里处，是白河和大运河的交汇处，东通直隶省，北接满洲、蒙古，西连山西、陕西诸省，南邻河南和山东北部，商业势力范围广大，被称为南北货物的集散地，可谓位于北清贸易的中心。在此居住的支那人号称有七十五万人，但实际上只有三四十万人。英国人有一千五百人，美国人有五百四十人，法国人有二百九十人，俄国人有一百五十人，荷兰人有十五人，意大利人有九人，此外还有少许德国人。日本人约有四千人，水灾后有所减少。

天津的工业，有纺织业、面粉业、花生油制造业、铁工业、地毯制造业、洗毛业等。纺织业有裕元公司，是支那人经营的股份公司，资本金为三百万元，从大仓组借款六十万元。目前日真洋行（日本棉花株式会社）正准备投资。此外还有官营的模范工厂，资本金号称三百万元，不过现在还没有开工。棉花出口到日本和美国等地，多销往美国的波士顿周边地区，成为制作毛毯的辅助材料。制粉业有日中合办的制粉会社，大正六年（1917）春开始营业。花生油制造业有意大利人经营的公司，铁工所由西洋人经营，地毯制造业则由支那人经营，原产的羊毛非常粗糙，没有高级产品。羊毛要前往山西、甘肃周边地区购买，也有来自蒙古的。除此之外，日本人经营的工业还有大仓组和与中国人合办的皮革公司等。此外，在此地从事买卖的人还多雇佣中国买办，购买方式也交由他们办理。和支那人直接交易需要经过六代才行，日本人也大都使用买办。买办多需要交纳几十万元的保证金。

十月三十一日,万里无云。今天是天长节,禁不住让人感到高兴。我乘坐上午九点二十分的火车前往北京,由于支那政府交通总长优待日置公使,我们得以乘坐贵宾车出发。天津、北京间的铁路是京奉线的一部分,前些年义和团事件时,为了保护从北京撤退的人,各国在此铁路进行驻军。现在我们上车的中央火车站至下一站的天津站都有日本宪兵守护。一路上我们看到的全都是茫茫平原,不过正在大力开发。中午十二点二十分,我们到达北京,入住 Grand HÔtel des Wagons–Lits(又名六国饭店)。天津到北京有八十七英里。

天津

长三洲①

草树连天绿似苔,白河引带抱城回。
苍茫客思欲无际,七十二沽秋色来。

天津

柳原前光

杨柳肃肃映碧波,客愁惹得舫人歌。
一声过雁知何处,两岸秋风上白河。

---

① 长三洲(1833——1895),丰后国日田郡人,勤皇志士,官僚、汉学家、书法家、汉诗人。曾在广濑淡窗的咸宜园学习,后在广濑旭庄私塾教书。1857 年开始从事勤皇活动。1872 年任大学少丞兼制度局,并随权办理大臣伊达宗城赴清来津。后先后任文部少丞、大丞、修史局第四局总指、修史局残务取调御用挂、内业博览会审查委员。1890 年创办《咸宜园》杂志,1892 年出版《书论》。

八、天津考察记

东京高等商业学校，前身是森有礼1875年设立的私立商业讲习所，1887年10月改为官立，是日本最早的官立高等商业学校。1920年改为东京商科大学，二战期间改为东京产业大学，1962年废止。该校是一桥大学的前身。东亚俱乐部是该校部分有志于东亚研究的学生所成立的社团，具体情况不详。

1920年夏，东京高等商业学校东亚俱乐部的30余名学生，在奈佐忠行教授的带领下前来中国集体参观旅行，在天津停留两天。回国后参与旅行的几名学生以《中华三千哩》为书名，将其在中国耳闻目睹的事情记录下来，编印出版。该书的主要执笔人为间野、兵藤、坂本、松本四人。

本文节译自东京高等商业学校东亚俱乐部编著《中华三千哩》（大阪屋号书店，1920年3月版）第237—249页。该部分为间野畅筹记。

支那人是蔑称

（一九二〇年八月）九日早晨八点，在朝阳门车站，我们和前来送行的三井职员告别，乘坐前往天津的火车。站台非常混乱，由于乐队吹奏声很大，好像发生了什么事，过去一看才知道原来是美国驻屯军欢送从塘沽回国的美国士兵。他们穿着类似茶色雨衣的服装，全都戴着折叠帽。在见过日本军队的我们看来，他们的体格都很好，但总觉得有点吊儿郎当。

沿线没有什么景色可以欣赏，在车上的三个小时，我全都躺在床上休息，十一点到达天津。大家背起各自的行李，跟随前来迎接的前辈，在忙着换乘的美国兵之后离开车站。我们分乘准备好的马车，直奔天津的总领事馆。

美男子龟井候补领事出来迎接我们，在院前小憩后，有人说已经准备好了，于是大家一起进入一个大房间。承船津总领事的好意，为我们一行准备了丰盛的快餐。吃饭时船津谈了他对中国的感想，其中一节是说中国人非常讨厌被人称为"支那人"，并说他是最近才逐渐知道的。什么原因不知道，但犹如日本人被称为"鬼子"，美国人被称为"洋鬼"一样，听说这是一种蔑称的代名词，因此他们非常反感，我们有时候称呼中国人为支那之人，这一点需要特别注意。这是我第一次听说。而且从我们内地的情况来看，不但有"支那人"，还有"中国佬""猪尾巴"等更为侮辱性的词来迎接他们。这是日清战争等带来的结果，而后蔓延到国内，直至今日。当我们考虑到一个词会给日中亲善带来多少伤害时，我们就需要谨慎用词。祸从口出，发明此语的日本人，大都抱有轻蔑中国人的心理。因此与之接触的中国人，特别是受过教育的支那留学生就会产生极端不快的感觉，反复听到这个词时，最终他就会讨厌日本的一切。回国后自然就会成为排日派的先锋。我希望每一个国民都能多注意这一点。

船津总领事

　　船津先生并不是大学毕业的银壳表，而是从一介书记生取得今日成就的外交官，居住支那二十余年，复杂多变的支那政府内幕就不用说了，在经济方面也非常精通。他是我校的前辈，由于前总领事沼野去世，他便从北京公使馆的书记官来此地赴任。有人说一个人如果长期固守在某个位置或场所，即便精通事情，也会被很多实情所困扰，使得他对周围的兴趣和感觉变得迟钝，因此应该经常变换地方，才能扫除陈套。从某方面来说这确实是真理。特别是在改造世界的今天，不堪忍受我国国内陈旧空气的我们，更能深切感受到。像支那这样，各方面都没有组织和秩序，很难把握真相。在如此苦难之地，不要说平庸之辈，就是比较出色之人也需要多年努力，需要兼通内外、明白实情的外交官。他如英国公使朱尔典，滞留支那已垂垂四十年了，即便有人说其对支那之事无所不知，无所不通，也不奇怪。现在对支政策处于多事之秋、颇为困难之时，我祈祷像他这样始终在支那的外交官能够发挥作用。

　　午餐结束后，我们在邻屋又谈了很多。说起汉口的炎热，船津说我也在那里住过很长时间，对健康一点都没有影响，很多人因为从一开始就讨厌其气候，害怕身体会变得不好，这样反而容易得病。这样的炎热天气必须能够忍受。印度的孟买等地也都非常炎热,赴任者的津贴也多,但是据去过的人说并没有那么严重。只不过是如果说舒缓的天气好,那么其津贴也会减少,其金额也会和其他地方一样。如此混账的看法,真是令人气愤。说起来他好像很激动……说完大家都笑了。

白河与天津港

下午在前辈的带领下,我们乘坐马车参观市里。天津不愧是北支第一大贸易港,因为是首都北京的咽喉,不要说各国租界,支那街区也有很多西式建筑,繁华仅次于上海。可能是因为看过扬子江的缘故吧,我看到的白河比隅田川还小。实际上它比隅田大很多。天津现在成为港口,也全都是因为此河。但是不管怎么说,白河的河道都非常狭窄,水量也小,而且河道蜿蜒曲折,有九十九道弯。因为百去其一故称白河,汽船只能上溯到距离河口三十七英里处,又因为塘沽上游有浅滩,从春天到秋天的涨水期,只能通过吃水十三尺的船只,吃水更深的船只,要在塘沽卸下部分货物,换成吃水浅的船只,利用涨潮才能通过。秋天至春天,水量大减,并有超过三个月的结冰期,需要碎冰船才能通航,但贸易不能断绝,不得已只好在秦皇岛进行交易。和其他港口相比,这是天津最大的弱点。港口自一八九〇年以来由万国会议负责修建、维持,并经常进行疏浚,和塘沽之间有英国驳船公司的驳船三十艘往返,负责客货的装卸联络。

渡过为了便于上下船通过而架设的开架桥后,我们该去何处逛逛呢?还是先去市里看看吧。我们去参拜李文忠公(李鸿章)祠。在看过北京的宫殿后,自然不会感到祠堂有多大了,但是因为新,朱楹碧瓦灿然夺目。上面悬挂着袁项城(世凯)书写的大字匾额,再想到他的末路,不禁令人感慨万千。

日本人俱乐部的宴会

我们觉得参观了李公庙就行了,然后决定分开居住,我们各自乘坐马车前往常盘馆和扶桑馆。晚上七点,洗完澡后心情舒畅,为参加前辈的宴会,我步行到日本人俱乐部。这一带好像是日本的专管居留地,我仔细观察了这里的街道和设施,都比较完备。俱乐部位于日本人公园内,建筑非常恢宏,公园也比较美观,但是和其他列强的公园相比,还是有不小差距。

前辈在此地者有近四十人,因为回国、出差和其他事情,出席者不足二十人。邮船的支店长致辞之余,对天津港的情况做了说明。其次是正金支店长谈了有关银行的事情。这些都可以弥补因我们准备不充分所带来的缺憾。大家边吃边唱,洋溢着学生气氛,很是让前辈们羡慕。

天津的地位和将来

天津位于北京西南八十七日甲之地,水运有白河和大运河,陆运则位于京奉、京津、京汉、津浦各线的中心,直隶省就不用说了,其商业圈北至满蒙,西到山西、陕西,南至河南、山东诸省,对内则是南北货物特别是与上海的交易非常繁忙,对外与日本的贸易最为密切,贸易额仅次于上海、大连,位居第三位。大正七年(一九一八)进出口总额达到一亿五千万元,不同的是汉口是出口港,而天津是进口港，而且六成为对日贸易，仅次于大连，我贸易业者的势力非常稳固。

如果青岛以现在的形势发展，作为贸易港的设备完善，借助日本的力量，山东铁路及济顺高徐等诸铁路铺设完备的话，现在处于天津贸易圈范围内的山东、河南、直隶、山西各省的进出口货物的大部分，必将转入青岛的势力范围之内。因此，不久的将来必然会出现青岛繁荣、天津衰落的景象。对于这一问题，一位前辈曾说当然会有影响，但是现在以北京和张家口为基点，通往热河、察哈尔、绥远的东西内蒙古及更远处的外蒙铁路，也逐渐开始动工，京绥铁路已有部分开通，即便没有脱离原始状态，其庞大地区的进出货物也绝不会少，而且其大部分货物都要在天津交易，因此其所得能够弥补彼所失。天津作为贸易港，其将来绝不会让人忧虑。不知道是否如此？

排日的主战场

排日思想最先具体化的是排斥日货，因此排斥日货在贸易港口非常盛行，特别是大量进口日本物资，经济上和日本最为密切的港口更是严重。从这一点来看，南方的上海、北方的天津都是排日及排斥日货的主战场。加之上海、天津的支那学生，不论好坏，与其他城市相比，多能接触到所谓新思想。从美国归来的留学生设立"Returned student association"加强团结，高唱亲美。由于背后有人进行操纵，就会明白其排日运动和宣传充满根基，且持续时间长。因此，我认为我国也不能长期如此放任下去，必须迅速采取对策，以免将来后悔。

九、商人天津行

服部源次郎,生卒年不详,1907年前往朝鲜经商,1925年担任合名会社社长,从事精米业、海产业,还从事农业经营。1925年春受朝鲜总督府委托,负责调查俄中水产贸易,只身视察中国,并将每日的见闻刊载于釜山日报社,总计88回。该书就是在这一旅行记基础上进行的修改。1925年3月2日,他从朝鲜统营出发,经满洲、安东,北至哈尔滨,南至广东,往返于上海与汉口,最后于6月14日回到朝鲜。此次行程海陆约七千英里,历访主要城市二十五座,时间103天。除了名胜古迹,凡工商业、政治、教育、产业、宗教、艺术风俗、习惯等,也都尽其所能进行调查研究。

本文节译自服部源次郎著《一个商人的支那之旅》(东光会,1925年11月版)第90—113页。

白河溯航

(一九二五年)三月二十七日,早晨我一睁开眼就看到了陆地和房屋,走到甲板上,船已经达到白河,河道仅有一百七十尺宽,浑浊的河水滔滔而流。海河两岸是广袤千里的沃野。杨柳沐浴在春光中,处处是农村风景,三三两两的农夫正在田地忙碌着,有的播种,有的挑水,还有使用长柄铁锹笔直耕种的,看上去一点也不觉得劳累,反而觉得他们很知足。我乘坐二千吨级的船溯河而上还是首次。映入眼里的风景让人难以形容,心情舒畅。我也想让女友看看,便坐汽船让她参观连绵四十里的田园风光。特别是隔着几个村庄,二千吨级的外国轮船在前面行走,天潮丸紧随其后,和从天津而下的轮船擦肩而过的瞬间,让人感觉非常愉悦。

维多利亚街

到达天津

上午九点,轮船抵达旧德租界的码头,马上乘坐汽车前往日租界,天津要比大连暖和得多,不用说围巾了,甚至已经有人穿上了夏装。微风拂面,没有一点灰尘,犹如五月的天气。街道和房屋都是西洋风格。穿过旧德租界再经英租界,在维多利亚街那样的古典街道有文艺复兴式的大建筑物。仅高楼大厦就非常令人吃惊,确实要比大连的建筑漂亮好几等，犹如来到外国的大城市。二十分钟后到达日租界的常盘旅馆，我们被引导到二楼的五号房，令人吃惊的是这里没有暖气，悬挂的青铜火盆里正燃着熊熊烈火，美丽的贝灰已经有了七分，很好地掩盖住了火势。龙文堂的铁瓶不断传来风吹过松树的声音，并出现了水蒸气。有两个福泽翁写的独立自尊的匾额，还有小型的金屏风，特别是贴着土佐画的思夫恋，引人注目。地板中间是中国人画的兰花，兰花是女友学习的画之一，桌子上摆放着古雅的砚，英国造的墨水台，如水晶一般。此外还有麒麟型的铜制朱台，手提钱匣似的桌上电话。虽然有八个榻榻米大，但是榻榻米都是蓝色的，犹如到了日本。进入这个房间，就听到宾馆女老板说："天津以前结冰期也没有轮船来，但从几年前开始因为有了碎冰船，海河可以自由航行，再也没有缺航之事了，比满洲附近要暖和多了。"洗澡后，我们到街上逛，到书店买明信片，在附近散步。天津的电车不是一台，而是一台二台地出行，犹如老电车带着小电车，非常有意思，但是晚点得厉害。我遥看了一下加藤、清水等洋行，便回到宾馆，心情不太好，便决定早点休息。

　　三月二十八日是一个淡云蔽空的和煦天气，我前往天津商业会议所，会见藏重任一。大正十二(1923)年度的进口贸易额为三亿三千万元，出口贸易额为一亿七千万元，合计五亿元。在支那国内，是仅次于上海的大贸易都市。海产品在大正十二年度进口总额为二百三十万元，依次是海带七十八万元，光参六十万元，鳝鱼三十八万元，干乌贼十九万元，干贝九万元，琼脂十万元，鲍鱼罐头八万元。海产品的大批发店为隆昌、源丰永、庆丰恒、义承德、义承裕五店，卜面有联系极为稳固的小批发店十四家。他们向长崎、神户、下关、函馆、釜山等重要地方派遣办事员，比较对照各地的行情进行购买。其销售方法大抵是直接支付。如前记隆昌那样,拥有二百万元的资本、具有数十年的经验,终究是资金少的日本商人所无法对抗的。今年葛原冷藏为了销售鲜鱼而滞留天津三个月,但是最终还是失败了。春夏之际白河捕鱼会有很大收获,直隶省的水产品年产额约二百五十万元,种类有虾、蟹、黄花鱼、鲤等。获得贸易年报后,我从会议所告辞离去。

参观天津交易所

在富永重治先生的引导下,我前往天津交易所,在二楼与田村经理见面。他有点胖,非常亲切。现在交易所有经纪人二十名,只从事钱钞交易。现在每天的交易额约为二十五万元,手续费为五分,因此利润只有二百五十元。无法分红,只能勉强维持经营。经纪人有非常好的收入,如果销售对象是三井洋行或朝鲜银行等固定的客户,就会非常轻松。当地赚钱的只有吗啡、枪和客栈等生意。作为贸易商,除了三井物产,能够从事此种经营的商店几乎没有。三井也只是经营木材,中国人喜欢在棺材上花钱,听说还有因定棺材而破产的事,真是奇怪。作为个人买卖,无论做什么,马上都会有人模仿。假发那样的东西要到四百里外的蒙古去收购犀牛尾巴,很快就有邻居也开始做,一点办法都没有。说起天津栗、天津牛,迄今的历史也都是如此。现在如果进入内地八百里,也会遇到有意思的事情吧。三四百里的地方终究是没有希望的。中国的高官都喜欢打麻将甚至赌博。由于在中国街区内玩会受罚,于是便在不受处罚的日租界内公然进行。北京是政争之地,不知道什么时候会发生政变,于是很多人便逃到天津的安全地带日租界内,日本还给予他们很好的待遇。去年奉直战争时，来自各地的很多高官都进入日租界避难。张作霖、冯玉祥、孙文等一方首领也都悉数聚集于此。而且日夜不辍地游玩，与中国高官见面不容易，一天之中他们只有不到两个小时的会见时间，大抵还都是在下午二点左右。他们一般都是玩到深夜，早晨不起床，一直睡到中午过后才起。

高官的烟赌

此外，支那高官大都吸食鸦片。鸦片让他们神清气爽，头脑清醒，而且可以让他们的性欲持久，这些都是他们最为喜欢的。他们经常来日本的旅馆公开进行大赌博，经常会有三五千元的输赢。此时作为抽头钱，旅馆也会有几百元的收入。枪支买卖更是严重，一只勃朗宁枪就能赚十五元。支那人对别人非常冷酷，不讲情面。例如我家雇佣的支那人，过了一个月就要求涨工资，如果吩咐他干别的事，他绝不会做，实际上这不过是举手之劳。相反，令人吃惊的是他们对亲戚或朋友的亲近态度。例如一旦说公司要人，他们马上就会带着自己的亲属过来。天津也有支那人设立的交易所，当时有职员二百五十余人。因为职员太多了，一询问才知道他们都是担任董事的亲戚朋友。中国的农村有很多大家族，院子位于中央，周围建造房屋，里面住着四五十人的大家族。支那人的社会组织思想，第一是亲戚朋友，第二是故乡组织（如县人会那样的组织），第三是同业组合。这三个观念支配着他们的生活，令人印象深刻。外国的领事馆首先以居留民的经济为基础开展外交，因此鸦片等东西可以公开大量进口，日本领事讨厌将经济事项交给商务官，而只埋头于政治的态度。我们听完各种有趣的事情后返回旅馆。

三月二十九日，天晴，暖和。我从早晨就去食品店加藤洋行、玉井洋行、友田洋行，这些店铺都比较大，但没有活力。煎沙丁鱼在天津每年能卖四十贯，全都是来自釜山、统营、下关、大连，干海苔则一捆也没有。向各店推销釜山的西野，鲜鱼则是各店自己从大连进口零售，不合算。我奉劝冈田号的人应该设立鱼市场那样的组合。

鸡蛋三亿八千万枚

我访问了宝来洋行的品川先生，他是天津交易所的老经纪人。以出口棉花的最多，近来鸡蛋出口也有大幅增长，去年已经达到三亿八千万枚，总额超过了七百万元，销往大阪。如果英国的鸡蛋干燥会社加入的话，销往日本的鸡蛋就会受到很大影响，同时也销往广东、汉口。骨粉、棉籽、菜籽也都大量出口。由于来访的客人逐渐增多，我们的谈话便停止了。品川先生今年一月末失去了相濡以沫十几年的爱妻，目前正单身。今年四十七岁，和我境遇相同，如果询问携带妻子的感想，他一定会说人生已经过去大半，特别是没有老人和孩子，没有什么快乐。如果要娶妻，也并不是高不成低不就，只要善良就行，因为经常面临死亡。我想这是他的真诚告白，我是相信的。看着他要忙碌，我便回去了。夜里大连的峰五郎来访，向我打听海参、鲍鱼、海苔、银杏草的经营者，我给他说了釜山的武久舍吉、吉川忠太郎、加藤宇太郎三个人，他非常高兴地回去了。不认识的人来访，于我还是第一次。

天然煤的功效

夜里,广济堂的长濑安平先生来我的私邸访问。我将其引到二楼的会客室热情招待。他在经营药铺之余,还和由玉洋行的上野藤三等人一起经营天然煤。据他说,大正十一年(一九二二)他们志同道合者成立组合,称为天津煤业公司,从事天然煤的事业。产地从中国的内陆省份山西省大同府到蒙古的边境。那里的煤非常多,是被称为活性炭的特种煤。因此,我们命名为天然煤。将其放入火盆,不但没有烟,而且非常耐烧,火力也非常旺盛,终究不是以前的木炭所能比拟的。虽然引火稍微有点困难,但这并不是大事,只要点着了就不容易熄灭,总之从外观来看和木炭完全一样,但效果远比木炭好得多。前年曾到日本内地宣传,东京、大阪也承认其功效。去年以来因为奉直战争,货车无法通行,运输陷入困境,大同府客栈的仓库里已经堆积了二千五百吨煤,可是却无能为力。对于来自各地的订货者,我们也只能表示歉意,事业因此遭遇了一大挫折。幸好这次能够运出三百吨煤,匆匆运往各地。每吨盐的价格为八贯,在大阪港的价格则是每百斤三元。大阪市里八贯俵二元六十钱,卖得非常好。运输方法如果现在稍微再容易些,可以达到每百斤一元五十钱。从今年秋天

法租界码头的繁荣景象

开始，货车的配给充足，计划一年出口一万吨，他还想到朝鲜推广。为了该事业，他准备明天早晨六点前往内地。

访问朝鲜银行天津支店

三月三十日，我前往法租界的朝鲜银行，会见根本经理。因为汇兑买卖忙碌，要接很多电话。调查课的西村骏、翻译门景韩开车过来接我，我对他们说我是伦敦朝鲜银行服部的哥哥，他们说朝鲜银行在各地都非常受欢迎，很是难得。汽车穿过法租界大旅馆国民大饭店前，我观赏到意租界的意大利建筑，穿过旧奥租界，进入北大关的中国街区。这里嘈杂热闹，宛如早市。我参观海产品商业巨头隆昌商店，这是一家非常漂亮的店铺。店员和客人混在一起，会说日语的刘国斌过来，向我介绍说从釜山进口了五万斤海参，鲍鱼罐头也进口不少。他说在釜山得到了南滨的千原先生关照，去年还见到了吉井和山本。据他介绍，去年海参从北海道进口四万斤，从神户进口三万斤，鲍鱼则全是从二干函进口的。鱼翅也买了一万斤。统营部分比较混乱。问起整个天津的情况，他们都说不知道。

汽车转到英租界前往井泽洋行，在这里听了有关地毯的讲座并观看了其产品，品质好、价格高，我想其深受英美人的欢迎不是没有道理的。然后又参观了俄租界的地毯工厂，该厂有被称为电子注的机器十五台，中国职工三十名。主要是晾晒羊毛，并涂上德国产的不变色染料。每个职工都是手工纺织，满铁所订购的五百元钱的地毯，现在有八个人正在生产。不是机器纺织，而是手工制作，让我感到很吃惊。天津的地毯，去年的出口额已经超过了九百万元。

参观骨粉工厂

在西村的陪同下,我参观了天津市外杨家庄的骨粉制造工厂。该工厂由清喜洋行经营,沿白河而建。有几只船将牛马的骸骨运到工厂,工厂负责人给我们一一介绍情况,进入院内一面是堆积如山的骸骨,牛角、牛爪也堆积如山,总是有约百万斤。销往鹿儿岛的有一万俵①杂骨,每俵约一百六十八斤,正在打包。制粉工厂的臭味非常大,让人难以忍受。西村因为有经验,站在院内,我仔细听他的介绍。杂骨首先要放入蒸锅,蒸锅是吸入瓦斯的瓦斯发动机那样的东西,铸造的圆塔锅有三台,高约三间,一天能蒸十万斤,蒸好后在前面的空地上晾晒,干燥后就放入旁边的粉碎机,一天能粉碎八万斤。而后他又把我带到旁边,说这是雨天干燥机,是一个直径十三尺、高十七尺的砖塔。中央有铁制的圆柱。开通蒸汽,这个装置就会将杂骨从上面旋转到下面并将其烘干。一天能够生产约四万斤,其内部粉碎的粉末,每一百六十八斤装入一个双层麻袋内,运到卸货场。

该工厂是大正六年(一九一七)清水喜十郎创建的,占地二千二百五十坪②,建筑面积为六百坪。此时每天平均能够生产四百俵,年生产额约为一千万斤,原料大部分来自河南省,也有一部分来自山西省及其附近一带地区。销路则以神户为中心,包括横滨、名古屋、下关、新潟,杂骨只销往鹿儿岛。目前收购价格为牛骨百斤五元七十钱,杂骨四元,销售价格则是到神户港的骨粉每百斤为六元五

---

① 俵:为日本的计量单位,一俵约为60公斤。
② 坪:源于日本传统计量系统尺贯法的面积单位,主要用于计算房屋、建筑用地的面积。1坪为边长6日尺(1间)的正方形面积,约为3.3平方米。

十钱。清喜洋行除了此工厂外,在大连、青岛、济南、汉口四个地方还设有支店,控制着日本全国骨粉交易额的一半。天津本年度的出口总额预计为五千五百万元。如果一头牛马可以生产五十二斤骨粉,推测一年在北支那需要宰杀一百〇六万头牛马。想到这样的事情,我总觉得还是支那广阔。

三月三十一日,今天是三月的最后一天。妻子去世已经过去四个月了,春天也已经到了,但我的心依然寒冷。她喜欢别府,每到春天都会去别府,竹瓦的沙堂是她唯一的安息地。去年的春天也在流川的瓢屋进行过汤疗,而且从别府寄来诅咒病体的信也是在此时,噫乎!春天和别府,别府和她,今天有一半的时间我都在想她,所写都是追忆之事,这是一个记忆深刻的春天……

享受支那料理

朝鲜银行根本经理宴请,我参加了支那料理午餐会。中午过后银行的汽车过来接我,将我带到三不管的一家餐馆,名为聚和成,作为一个充满酒、色、赌博的公开场所,它向所有人开放。店名也是从这一意义上进行命名的。樱桃、火腿、鸭蛋等小吃上了九盘,砂糖煮莲蓬的大碗菜也有五碗,从燕窝这一海味开始上菜,还有鱼翅,都非常好吃,我和经理吃了很多,还有银耳(木耳的一种,一斤约为千元),这是最好的支那料理。作为纪念,我喝了三勺,还有烤鸭,很多支那人一辈子都没有吃过,翻译也都作了恰当翻译。虽然上了各种山珍海味,但鸭肝即鸭子的胆,则是最好吃的。离开这个酒店后,乞丐和先天病者蜂拥而至,不得不让人感慨人生百象。

欣赏支那戏

夜里八点,我带着宾馆的翻译,去观赏中国的戏曲。我们前往位于日租界的新明大戏院,它是天津的一流剧场,二楼非常亮堂,能够容纳三千观众。中国女人白天几乎看不到,夜里的剧场却全都是女人,绅士携带时髦女人很是风光,他们的世界就是面子,有脸面。从外表来看他们不过是虚张声势,由于他们都是乘坐汽车悠悠然地来看演出,不知道有何感想。剧场从九点左右开始热闹起来,十一点挤满了观众。中国人喜欢戏曲,今晚的戏曲是宋朝的时代剧,以一个女杀人犯为主题,这让审判官很是为难。服装非常华丽,炫人眼目。没有舞台,只有一个帘子,两三分钟的时间就能换完服装,没有时间休息。我认为如此一来,演员很难继续下去。中国的戏曲和日本的古代戏剧一样,都是服装剧。服装和动作决定其是否巧妙。动刀动枪和日本的能很相似,都是长时间挥舞大刀。并不是烟花那样的神奇手法,而是慢慢挥舞刀。本来对戏曲没有兴趣的我,是没有资格批评戏曲的,但是它让我第一次知道了支那乃是戏曲之国,是一种精美的艺术。

四月一日,阴天。我前往天津居留民团,会见理事长吉川慎一郎。天津的面积为六百万坪,日本租界为三十一万六千坪,由于没有户籍,不知道有多少人口,大约有一百万,日本人约有五千人。天津的日本民团非常出色,和汉口并称为民团行政的模范区。前天举行了民团行政委员的选举。此次改正法规,选举资格不问是否纳税,只要居住满一年就有选举权,真是一种理想的选举。支那人也有选举权和被选举权,但是没有人来,他们或因为言语不通,或因讨厌政治,不关心选举。作为民团,除了土木、教育、卫生等一般行政外,还要进行电气、水道等工程。在别人的带领下,我一一参观了旁边的公会堂、俱乐部、图书馆、食堂等各处。这些建筑所需全部费用为十万元,这是三年前建设的。告别时我看了本年度的预算,总额为七十七万元。收入方面,我看到没有户别比例,主要是营业税,游兴税每年约为六万元,也计入其中。看过附记的内容,让我吃惊的是支那艺妓、妓女也有六百人,此外支那的人力车为四千三百五十辆,其缴纳的税约为五万二千二百元,大板车有一千一百三十台,计四万零六百八十元。民团经费的承担者果然是支那人,而经营者则是日本人,如此矛盾的现象今后还能持续几年呢?天津的日本人必须要考虑百年大计。

参观李公祠

下午,我带着旅馆翻译,到市区参观。看了河北公园和直隶省的产品陈列馆,其内容贫弱、物资不足,非常遗憾。继而又参观了李鸿章庙,我以为应该是美轮美奂,结果却是完全相反,这里非常萧条。他的葬礼举行时非常热闹,从学生时代到成为太子少保的三十四组履历碑,堂皇地穿过走廊,至今还保存原样。该祠内的须弥柱上的诗,是袁世凯所写。此外,光绪皇帝赏赐的功昭翊赞匾额恭敬地挂在正堂,足以让我们知道当时皇帝是多么信任他了。归途要经过上海航路和日本航路所在的英法租界河岸。在那里装卸的货物堆满码头,有数万苦力在东跑西窜,极为混乱。白河仅宽一百几十尺,但是世界文明在此被天津所吸收。而让天津成为北清文化发祥地的白河,实际上是支那一条非常重要的河流。

菜市场和抽签

我去看了天津的模范市场，即法租界的菜市场。这里结构新颖，顶棚高，和大连的市场相比，真是天壤之别。芋头一斤四钱，笋二十三钱，芹菜十钱，蔓菁一把二钱，一尺五寸的活鲤鱼二十五钱，白鱼一斤二十五钱，鸡一只三十钱，鸽子则是几百只放在一个大笼子里，听说十钱一只，物价便宜。

支那人喜欢赌博，一文果子卖给苦力也是赌博式的。在长一尺五寸的圆竹筒里放入三十五根竹筷，进行抽签。竹筷有三个数字，即为点数，一次一文，我也抽过六次，一次都没中。汉语说这是抽签儿，表面上警察会取缔这些，但是城市里到处都在公然进行。我想这种抽签儿在支那断绝之日，就是支那成为东亚盟主之时。

四月二日，上午十点前往中华磷寸株式会社，会见社长黑泽兼次郎。胖胖的社长让一个很能说的职员给我详细说明工厂情况。该社成立于大正九年（一九二〇）十二月，作为原材料的木材来自北海道，黄磷和染料从大阪进口。到工厂一看，在其前院还放有几百根称为楣的白杨木，直径约为一二尺。几名中国木锯工正在锯二尺的木头，锯好的圆木头被运到火柴头制造室和火柴杆制造室，火柴头制造室有切割机锯，楣圆木放到机器上，火柴盒的材料就会变薄，犹如纸一样。根据各自的用途，有侧面、底面和火柴抽斗，能够制成三百五十至五百个。火柴杆制造室放有六台大阪的今福式杆剥机和刻杆机。几十名职工正在工作，非常忙碌。对面的杆剥机挂着圆木头，这些杆刻机前面有火柴杆，从大筐子里吐出来。装满火柴杆的大筐摆满了后院的大广场,面积有三千坪。这些大筐很薄,能够使火柴杆风化干燥。然后将其运到火柴制造厂,由三台火柴加工机组装,三十五台火柴杆配备机马上就能将其排列好,并加上橄榄油。另外,每一根火柴杆再加上调剂用的黄磷火药,添加火药的几个蒸笼不断堆在横杆上,然后运到暖气干燥室。从总长一百二十尺的隧道干燥室出来后,在旁边房间内的十五台组装机的作用下井然有序,这里有三百名装火柴的职工,快速将其装入火柴盒。这些装火柴的职工,一个蒸笼的工资是二钱,因此竞争非常激烈,现场一片忙碌景象。这道工序结束后,由横涂工将玻璃粉涂在火柴盒的侧面。如此,中华商标的黄磷火柴就最终做成了。

目前除了装盒女工外,还有职工五百二十人,一天的生产能力是七十吨,如果按打的话,则为八万四千打。

夏季的六七八三个月是河水干涸期,冬季的三个月则是河水结冰期,无舟楫运输之便利,只好休业。一年的生产额为一万四千吨,销往直隶、蒙古、河南、山西、山东、甘肃等地,几乎无处不到。目前市场的商品是带火柴盒的,一吨为四十五元。而工人的工资要比内地便宜得多,也比安东、上海便宜,工头每月二十六元,下级职员每天六十钱,女工的工资则是每天从八十钱至二十钱不等。由于火柴生产重要的是工资,必须在支那建造工厂。

支那政府很清闲,奉直战争开始后,即便货车供应恶化,也没想增加货车,商人越是困难越是不关心。从天津至北京的腹地包头约有五百英里,一趟十五吨的货车就需要一千七百元,即便如此也无法轻易得到。每当想起这些事情,他就说没有国家能像日本那样急于学习世界,来到异乡后才深感日本之恩泽。

天津车站

　　下午访问内外化肥公司的经营者、三重县人中村善之助。作为骨粉商,要比清喜洋行的规模小,但质量好,价格便宜,深受好评。作为样品,我马上签订了五百袋的临时合同,然后又立刻奔赴朝鲜银行,向滞留期间给予的照顾表示感谢,而后回到宾馆。应该去北京了,于是我到天津东站,旅行者应该注意的是天津有天津总站和天津东站两个站,总站在城内,东站在城外居留地。由于从总站上下车有丢失行李和车夫强行搬运的危险,因此请大家一定要从东站即东火车站上下车。即便让他们看了日中周游的车票,如果不从奉天站乘坐,他们也会说不行。在奉天站下车,购买奉天到北京的车票,不用拿着就行。不能用日元买票。十元能够兑换中国银元七元六十钱,然后再购买前往北京的车票。在满洲,日本的货币很有威力,但是来到北清就没有效力了。我购买了釜山至名古屋的往返车票,但是经常无效。因为有这样的经验,个人旅行时购买往返票是很不经济的。此次的周游票已经出现过两次小失败。呜呼!为什么人们会在短暂的人生当中,因为同样的原因而在往返车票之事上反复经历失败。大概从身亡家灭的大失败中间,才能屡次发现这样失败的事实。人生的失败值得尊重,不过重蹈自己失败的覆辙则是可怕的。

　　火车到达天津晚了十五分钟,宛如战场,座位非常混乱。揽客者说一等座还好,比这更严重的是三等坐,简直让人无法动弹。发车后车厢内才不再混乱,大家逐渐安静下来。如此想来,每个乘客都有一个揽客者跟随。我们三人从常盘旅馆过来,但是更多的是从别处过来的。有三个揽客者并没有戴宾馆的帽子,却在出发时突然过来了。而且是在人山人海之中对我们说的,被他们骗去了小费。农村人一般需要一元钱,揽客者增加也是自然的了。

变换色调的乘客

此二等车比满铁的三等车还脏,张作霖的士兵上车监督。二十七岁的陆军少佐,被称为列车总司令官。不时来到我面前,和日本人开玩笑。在这个列车上,我很好奇地观察人种和服装,发现有中国人、满洲人、蒙古人、日本人、德国人,服装只有普通的支那服装和西服之别。咖啡色的日本兵,咖啡色和褐色的宪兵,脏兮兮的支那巡查,穿着厚重外套的蒙古人,穿着猴皮制作的柔软洋装的支那妇人,穿着大岛绸花纹布的日本人,穿着非常时髦洋装的支那人,穿着鲜艳的支那女学生,穿着水仙花般服装的支那艺妓等,真是各人服装皆不同。这种不统一的现象象征着什么呢?

去年以来,依靠友仙宣传而成功的上毛薄纺,此次和内地企业家商量,企图将支那服装友仙化,于是成立大宣传队,首先进入天津。计划邀请天津的商务总会会员,利用装饰穿有友仙衣服的大人木偶,活动写真及悬挂烟火等手段,在天津、上海、汉口三个地方,进行二十万元的大宣传。我觉得支那确实是宣传之国。火车继续向北京前进。

十、天津漫步记

野村得庵(1878—1945),名德七,号"得庵",日本大阪市人,大阪市立商业学校中退。商人之家,在日俄战争中获得巨利。1919年设立大阪野村银行,1925年设立野村证券,并逐渐形成了野村财阀。后曾任贵族院议员,对茶道颇有研究。

《漫船步苦马》是野村得庵从中国旅行途中的见闻,是旅途日记加上杂感而成。这次旅行,他于1925年4月15日从神户出发,在上海登陆,7月9日经朝鲜回国,其间曾在天津逗留。本文译自野村得庵著《漫船步苦马》(今井常三郎,1925年版)第53—57页。

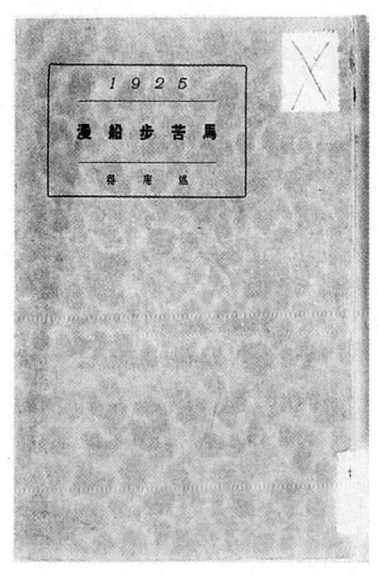

天　津

今天(一九二五年六月二十八日)早晨,我早早从大连出发,明天中午就能到达天津,溯白河而行,我看到两岸到处都是堆积如山的盐,还有砖砌的大窑洞。如果从南面北上的话,房屋的结构变化更加明显,即南面都是开放式的,往北房屋都是土坯,周边有土墙围着,窗户非常少,让人能够感受到此地尘埃非常大,天气异常寒冷。我们终于快到天津了,北洋商业第一纱厂、裕大纺纱厂、裕元、宝成等工厂陆续出现在白河两岸。现在天津具有二十余万锭的纺织能力,我们得到日信洋行及其他人的帮助,很荣幸得以参观了这几个工厂。

租　界

租界在开港地都应该有,天津的租界是以北清事变①之时,各国士兵进攻的地点为基准开设的。日租界连接支那街区,占据最为有利的区域,其中心街区旭街和支那街区东马路连成一片,成为天津的主要街区。从这一旭街开始,很多日本人开的商店,有被中国人取代的迹象。不少日本人都成了鱼饵,虽然偶尔有与支那人为伍者,但多是竞争上的惨败者。举个例子来说,如果要出售一箱麦酒,支那人几乎原价销售,而日本人无论如何都不会原价出售的。支那人在箱子里装的不是麦酒,而是空瓶子和麦蒿。由于生活费便宜,

---

① 北清事变,也就是我们所指的"义和团运动"或"义和团事件",也称"庚子事变""庚子国变""庚子拳乱"。

这样也可以生活。采购时也是装着现金,这样一来就可以直接付款而不会输给别人。当然这不是为了打折,而是为了赚钱。这很有支那人的特色,有耐心且甘于简单生活的商人,外人终究是难以效仿的。在支那从事买卖,同类相残就不用说了,支那人之间相互竞争的工作也非常棘手,自然就需要一致对外。如果以此来考虑且有耐心工作,我想这里也有发展的天地。租界,无论在哪里都是支那亡命政客和有钱人的安全地带,是他们避难的地方。天津距离北京近,这种情况更是严重。最近宣统皇帝的秘密住所也设在了天津的日租界。每当通过其门前,想起他的惨痛经历,我就感到无限同情。

在天津的日租界,将来有希望的土地都为民团所有,我想将来一定很有希望吧。一是因为此时不是正有大力投资土地的人吗?所有文件在任何时候都可以查看。在租界,由于警察行政权掌握在官宪手中,日本所到之处都是最为安全的地方,因此非常抢手。如果支那人进入租界,因为治外法权,一切都得服从日本领事的裁决,由此租界更加繁荣。如上海的工部局,最初主要是致力于道路建设,并因此而留下了这样的名字。但是威严的英租界行政局,其做法和英国在其殖民地的行政组织没有太大的不同,这是众所周知的。只不过委员当中也有日本人,用以修饰表面。但是因为过半数为英国人所占有,结果绝对权仍旧控制在英国人手中。支那方面虽然想收回租界,但是英国和其他国家却想要扩张租界。

在天津市区,对于上海的罢工事件,学生们所举行的声援运动,正进行得如火如荼。

十一、白河溯航

中山正善(1905—1967),大正至昭和时代的宗教家。日本奈良县人,中山みき的曾孙。东京帝国大学毕业,1915 年成为天理教第二代真主,1925 年成为馆长。致力于海外传教,创办了天理外国语学校(现在的天理大学)。另外以自己搜集的贵重图书为基础,开设了天理图书馆、天理参考馆。其著作有《一个人说》等。《白河溯航》一节曾在天理中学校同窗会志第十一号(1931 年 4 月)上发表。

本文节译自中山正善著《从上海到北平》(养德社,1934 年 3 月第 1 版,1946 年 10 月改订再版)第 237—244、262、263 页。

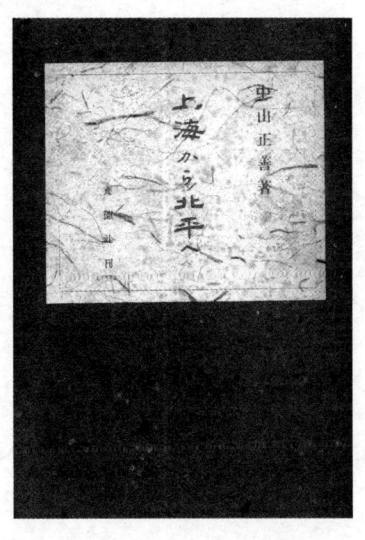

白河溯航

恰好是(一九三一年)三月二十九日,大沽口还在等待涨潮,和其他在此等待涨潮的大小几艘黑船并行,我们乘坐的长平丸已经起锚。

一夜的暴风雨,只在船窗的背阴处残留一点水滴,蔚蓝的天空,犹如清洗过一样。宽敞的河口不断喷出激流,虽然无法激起黄河之水天上来的诗意,但是作为大海的流浪者,从黑船的厨房猎取到丢弃的残羹冷炙,或高或低相互追逐的白鸥,为我们增添了一丝旅愁,这成了唯一的风景。当相机对准它们的时候,它们会躲在桅杆上,或者在水上一起逐食。这样的情景,我至今都无法忘记。

大沽口——等待白河涨潮

虽然看上去河口好像近在咫尺,但长平丸却无法溯航,突然挂上黄旗停在了那里。这是怎么了?引航员刚登上船,并且水手说潮水正好,很明显无须因此停船。侧耳倾听好像是出现了故障。好像发动机也没有了声音。啊,原来如此!我以为是什么呢?怀着不安,来回踱步。我找到事务长询问,发现他非常沉着。

他说:"没什么。因为要检疫才停下的。请看那些船,全都挂着黄旗停在那儿。这个黄旗就是检疫章。本船是从上海来的,因为上海正流行恶性脑膜炎,从一个月前,就在这个进入天津的入口处进行检疫。对面陆地上也有悬挂黄旗的工棚。那就是检疫所。"

"但是说到一个月前,我们也在上海,没有听说如前所述的危险病流行。而且在青岛登陆时也没有任何检疫。"

事务长说:"不是,这个检疫只是形式,非常简单。不过还有一个比这个更重大的事情。气候也逐渐变好,隔着黄河的南北战争逐渐展开。因此,虽然上海流行恶疫,但更重要的作用是监视南方秘密的便衣队北上。"

原来如此,我终于明白了。虽然是因检疫而停船,但实际上是为了别的需要而检疫。

自等待涨潮临时停泊以来,在并行的黑船之中,也有和来自上海的长平丸一样,挂着黄旗的。从朝鲜或大连来的船只,反而是后来居上先溯航而去。

现在南北双方以黄河为中心展开争斗,在天津看来,来自上海的船会被视为来自敌方的船。这就是为什么在青岛不用检疫而要在大沽接受检查的原因。

陆上的黄旗是命令"经由上海的船舶有接受检疫的任务,因此在这里临时停泊,等待主管人员检查。"船的旗帜表示顺从,"经过上海来这里。现在要接受仔细检查。"

仿佛初创世界一般的泥海之上,有无数中国式帆船在我左右两边驶过,其嘈杂声甚至盖过了黑船的汽笛声。和长平丸一样的黄色船,在三三两两地增加,但是还未到工作时间,看不到一个检疫员。

甲板上正在进行接受检疫的准备。四等船客正在整理行李,甲板走廊的苦力,总觉得他们很嘈杂,将甲板占得满满的。满是油污的水手,穿着雪白衣服的食堂伙计等船员,也都站成一列。我们一行也混在其他船客中间站在大厅,等待检疫员的到来。

在穿着西服的中国检疫员带着身穿官服的巡查和便衣随从到来之前，我们抽了二三根香烟。他们都非常健壮，检疫员戴着礼帽，接过事务长拿出的船客名单，按照通告首先检查船员。他将手伸进外套口袋，瞪着大眼睛用一种异样的眼光看着被检查者的脸，并查阅水手和食堂伙计。这是他们的工作，被看过的人已经被证明是健康的了。

继而，他来到我们的大厅。事务长叮嘱我们开始进行检疫，但是检疫员仍旧很是严肃。检疫时的态度，和检查水手和食堂伙计时完全一样。他们瞪着西洋妇人，也一直看着我。正要说大厅也没有不健康者或不礼貌者时，不意突然发生了一件事。那就是他用汉语向室内一角喊道。大厅的人全都向那边看去。站在那里的和我们同行的H君露出奇怪的表情，像是要站起来。

检疫员抓住H君的手，H君不惧在人前，吐出并不那么好看的舌头。啊，真的有事！如此，我们一行可要守着这个可怜的牺牲者了。实际上如果在此处出现一个疑似患者或嫌疑，我们的船就会被扣在防疫所，一行人都必须隔离。

他们一直在用汉语聊天，看来也不用担心，就这样向甲板上的人群中走来。松了一口气的我们，围住H君，向他询问原因。不怎么喜欢坐船旅行的H君，因昨晚突然的暴风雨而受了不小的伤，加之连日翻译的疲劳，倚在了大厅的墙壁，迷迷糊糊睡着了。

"这个姿势好像是他的执掌神经受到了刺激。由于那个家伙突然问'噢，你是中国人吗？'我回答说'是的'，并伸出了舌头。尽管如此，对外国人还是稍微客气。不过，此次接受健康诊断的只有我一个人。"H君非常平静地说道。不通语言的我们，还以为要在大沽监禁几天呢。如此的话，今后的旅程将会被打乱。尽管时间很短，但我们还是感到焦躁不安。

不久，船降下了黄旗。和检疫员一起下船的有两三个苦力。总之我们终于获得了溯航的资格。一想到马上就能见到白河，我就站在甲板上带着相机等待。从上海以外的港口过来的船从后面过来，后面胡乱鸣着汽笛而行，我觉得他们真是混账。这是因为河道窄，先行的船只如果速度慢的话，无论如何着急，即便是多么有马力的船，也无法完全发挥出来。货物船熊野丸溯航过去了，继之是中国的客船，其后终于轮到我们了，长平丸在大沽河口鸣起了汽笛。

长平丸是一个速度比较快的船，至少比前面的两艘船要快，不久就追上了中国船。但是根据规矩，我们不能随便超越。即便允许，做起来也非常难。因此，为了慎重起见，长平丸向中国船说："可以过去吗？"但是他说："不要说话。"当然即便说话，因为是船，也都是用汽笛声来表达。长平丸不得已只能慢慢跟在它的后面。仪表几次在快慢之间切换，没有一次可以全速前进。

过了一会，前行的中国船正好转弯，船头转向了右岸，螺旋桨也冒起了白泡，海藻开始翻动起来。随着水流掉头，船头也转向下游，我想它好像是忘了什么东西，要返回去。正在觉得奇怪的时候，我们的领航员黑黝黝的脸上泛出自信的微笑。说道："不要耍枪"，鸣了两三下汽笛。其意思是"怎么样？可以过去吗？"他回答一声说："请稍等。""不行啊，还要再试试。"领航员只好叼着大烟斗继续等待，一会他说："先行吧！"随着船上冒出两三股白烟，我们也能够听到汽笛声。"那么，我们先行了！"它们遇险的地方逐渐消失在我们身后。

"此河经常出事。因为水流，航道经常变动，即便是非常熟悉的领航员，也一点都不能大意。因为是搁浅，难以后退，而且由于下面是淤泥，最终使其无法动弹。由于河道狭窄，在河里掉头也非常麻烦。"

我们对他很是敬佩。和陆地不同,在船上全都要依靠驾驶员的技术。我们祈祷领航员要沉着,虽然想早点到达天津,但不想遇到那样的失败。

"哎,好像是熊野丸,果然是!"

船长突然喊了起来。但是什么也看不到,只能看到在麦田中间有一路浑水。

"好像是!"

领航员也随声附和。按照他们所说,我们四处寻找,隐约看到在麦田中间有两根桅杆。我想那可能就是船吧,话说不到五分钟的时间,我们的船就到了那里。熊野丸也向这个方向开来,已经过去了。

"因为急着前行,不好意思!""请!"说着,我们就向天津进发了。距离不到十间房的两艘船,在驾驶舱里,大家相互举手致意和微笑,总觉得这是一种伤感的情怀。

两个日本人在异国相会,一个人走错了路,另一个人却必须放弃。而且走错路的人和放弃的人都认为其行为是正当的,并微笑挥手告别。对我们来说,现在就和这种情景非常相似。同时,对带领我们安全到达此地的领航员,我记得表示出了前所未有的感谢之情。和在大沽他们超越长平丸时意气飞扬、汽笛轰鸣的情况相比,现在这种悲惨境况,自然也给了我们一种处事教训。只是和最终只遇到一件难忘之事的大正十五年度的白河溯航相比,趣味稀少的第二次溯航,让我获得了预想不到的收获。

手里拿着望远镜、嘴里叼着大烟斗的领航员,仍旧用充满底气的声音下达命令:"嗨,来吧!"与此相对应,舵左转右转的中国老舵手的身影、还有半速前进穿过驾驶室的年轻驾驶员的助手、不时交错的船长和领航员之间的谈笑。其后,长平丸没有任何异常,按照准确的步调,继续着前往天津的平稳之旅。

不久,在天津码头就受到了来自天津传道厅众多朋友的迎接,进入伏见街的厅舍后,这个领航员得意的微笑和哀伤的汽笛,仍旧难以在我眼前和耳边消失。

北疆博物院

"去天津必须来看此博物院。这是法国传教士桑志华所建的。该博物院是一个关于黄河、白河流域文化的博物院。桑志华是这方面的权威,以前曾在中国发现石器时代的遗址。该博士所心系的就是这个博物院。"

因为出国时问过石田干之助[①],到达天津后我便询问其地址,但是传道厅的人都说不知道。我经过不断寻找才知道它位于工商大学内。三月三十一日,穿过英租界内漂亮的道路来到位于马场道的大学。面对大门的左边是工商大学。右边就是北疆博物院和真谕的门牌。

我们进入里面。沿着正面大学本部对面的右侧,在校舍背后我们遇到了我们要找的博物院。因为没有开馆,我们没法进去。看到馆前有很多大学生正在进行测量。我们过去看看上面写的内

[①] 石田干之助(1891–1974),日本汉学家,1916年东京帝国大业毕业,1917年受三菱财团的委托前来办理莫理循文库收购事宜,并在此基础上创建了东洋文库,1917–1934年任东洋文库主任。1929年担任日本大学教授,研究唐代文化特别是长安,熟悉欧美情况。著有《欧洲人的中国研究》《长安之春》《唐史丛抄》等。另外还主编有《中国文化论丛》《考古学杂志》《中国》《东亚》等丛书、杂志。

容,才知道一般开放的时间为每星期四、五、六三天。今天是星期一,一般来说是没法参观的。我们说是从远方过来的,才最终让我们参观了。

进去后,马上就能看到陈列的各种文物。过一会一个学者风范的外国人出现,他很热情地让我们去参观陈列室和部分研究室。

就这样在他的引导下,我们从楼下开始参观。这里只有一个房间,但

工商大学

北疆博物馆

中央有玻璃陈列架,周围也有陈列架,陈列着各种地质学和古生物的标本。

由于我们大多是门外汉,不知道它们有什么价值,无论是设备还是分类,我们都无法予以介绍。只能对他们的努力表示敬意。

然后我们来到二楼,这里也和楼下的布置一样,很难一下子明

白是植物还是动物,陈列着具有民族特色的标本,例如中国人的主食、衣服和车等实物和模型,为我们一行提供了很大参考。

让我们这些从祖国来的传教者参观这些展览,在这里进行几年的研究,形成中国人特别是北方中国人的概念,然后将其送回传教地。

在这样的传教中,与其说是弘扬宗教信仰,还不如说主要是研究学问。即与其说是洗礼,不如说其目的是为了培养学者。不幸的是,我对于这个传教者的目的、方针还不怎么明白。

除了一般公开的陈列室外,我们还被带到一个犹如仓库般的研究室。他在这里还让我们看了南京虫(臭虫)的标本。看了几种之后,我觉得南京虫在学术上是贵重的教材。

"吃我们的是哪一种?"

现在还有人手上有那样的伤口。

四月四日,身体还没有完全调整好,也不知道要到什么时候才能好。传教所的朋友还在等待,于是,下午四点我们决定从天津北站出发,下午七点十五分就到了北平。

十二、天津的感觉

东亚同文书院是日本在1901年创立的以进行"中国学"研究为专务的高等学府。其建立后便组织学生对中国进行实地调查，前后长达四十余年，旅行线路700余条，遍及除西藏以外的中国所有省区，内容涉及地理、工业、商业、社会、经济、政治等多方面，成果除了作为毕业论文的调查报告书，还有各旅行小组的纪行《大旅行志》，这是由精选出来的数篇文章组成。

本文节译自东亚同文书院第三十四期生旅行志编纂委员会编《大风吹·北支的感觉》（未刊本，1938年2月）之"天津部分"，第161—163页。该部分为东亚同文书院河北省班的橘清志、丰崎龙太郎、胁田五郎撰写而成。

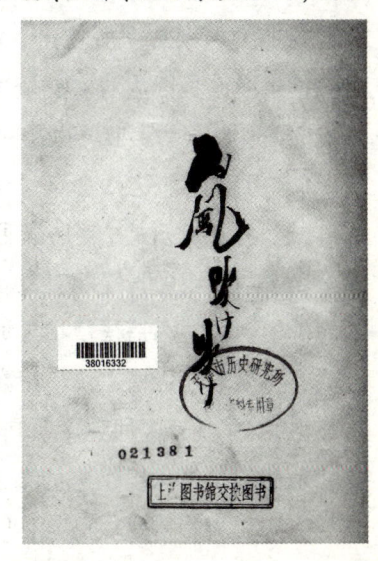

我认为在天津，日租界与其他外国租界有非常明显的差距。一般的认识是冀东政府成立以后，日本势力的扩张相对地将外国势力驱逐出了天津。气温超过华氏一百三十度，酷暑难耐，暑气无情地充斥在天地之间。东站到处是争夺客人的洋车夫，我看到天津的英国势力已经在垂死挣扎。天津日租界和上海的日本人生活全然不同，充满杀机。穿着华丽服饰的艺妓，走在街上的摩登少女，

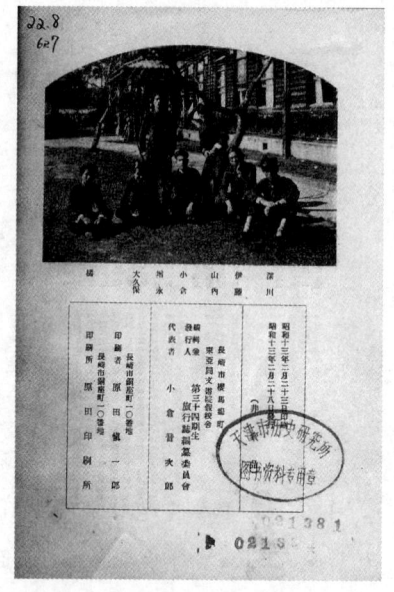

大风吹·北支的感觉版权页

看上去完全不懂得生活之美，如同被执拗的鸦片走私习性和为伪装而扭曲的国家意识所物化。可能也是因为这样，我对中国人缺乏同情。或许是因为日本的资本直接被当成了物。尽管和上海的气氛完全不同，我认为这也是在支日本人的生活情况。旅行需要一定的观点，如果这一观点过于固执，那么旅行就会变得毫无意义。虽然我如此反省，但是很明显应在背后进行的秘密现在已经非常公开了。除了赚钱的对象以外，在理解中国人这一点上，没有任何价值。这固然是扶植在天津的日本人势力方便且最为容易的方法，但是我要说的是破坏正在崩溃的冀察经济，最终也很难让自己得利。而且，这种观点尤其在中小商人之间比较常见，我想这可能是他们缺少深谋远虑的结果。

白河之水非常少，河道几乎裸露出来，黄浊色的河水在流淌，

仅能浸过万国桥的桥墩。三井洋行前面连接日、意租界的渡船上，能够看到穿着纯白西装的外国女人，显露出一抹色彩。河对面有回力球场，在一百三十度的炎热天气中，感觉圆形的屋顶在摇晃，让人感到口渴。

在北洋饭店闷热夏夜的走廊下，映入眼帘的全都是支那女人的身影，我误认为是艺妓。此时，我和一个从未听说过的严厉的某研究所的所长说起话来。他说现在支那是在自己手掌上跳舞，毫无隐晦地向我说了很多秘密，而且热情地打探书院的使命。

天津人所关心的是宋哲元的动静，据说他正隐居在山东乐陵休养。他之所以有如此态度，一个原因是在出现内讧的冀察，日本和南京方面的两股势力显露无遗。我在天津各处也能强烈感受到这样的气氛，但是我非常有兴趣关注的是到处谈及北支经营大纲之人，他们被称为支那浪人。

有人说天津中日学院的存在，就充分表明了日支关系的良好。同文书院中华部毕业生大部分都成了排日运动的领导者，与此相反，该学院则成了日支合作的重要存在。但是我们也应该看到，绥远事变以来日支在政治、经济上的持续对立，掩盖了通过巨大努力而获得的这一文化成果。支那的舆论在所有方面，其文化成果全都屈服于政治、经济的压力。而且，由于宋哲元态度的不明确，使得其成果更加不彰。

十三、津门纪行录

岸田国士(1890—1954),日本和歌山县人,陆军士官学校毕业后进入久留米第48步兵联队。但因为热爱文学,28岁时进入东京帝国大学文科大学学习,专攻法国文学及近代戏剧。1932年担任新设的明治大学文艺科教授,1940年至1942年担任大政翼赞会文化部长,1947年被撤销公职。他是日本剧作家、小说家、评论家、翻译家、演说家,代表作有戏曲《牛山旅馆》、小说《暖流》《双面神》等。1937年他和久保田万太郎、岩田丰雄一起结成剧团文学座。10月作为文艺春秋特派员,前往北支战线视察。1938年由白水社出版了他此次考察纪行。

本文节译自岸田国士著《北支物情》(白水社1938年4月出版)第50—81、213—221页。

某某部队长

汽艇溯白河向塘沽前进。泥土色的河水让大海与陆地的边界变得模糊。

白河名字的由来,我是听 F 说的。

"一般来说这条河流有九十九道弯,就是百去其一,故名白河。实际上这是牵强附会。到了冬天,河面上冻,一片雪白,名字是从这里来的。"

哪一个都无所谓,来到这里让我吃惊的是,河上、陆上到处都飘扬着英国旗。

在塘沽,我和 S 中佐及其他人,一起访问了该地的某某部队本部。部队长名 H,这也是因为知道他与我们是同期生。

"呀,来了?"

H 中佐站起来说。

"嗯,是吗?身形非常威武啊!"

听了 S 的说明,他上下打量着我在腰间挂着水壶和背着背囊的异常姿势。

"我担任后方勤务。现在已经是这里的负责人了。"

此时副官过来了,关于街道扩张问题,他报告说居民代表已经全部到齐。

"好的,现在去吧。那么,我来请吃午饭吧。士兵的麦饭也非常好吃。"

由于此人是兵粮总管,物资丰富,一般会认为其奢侈,不缺东西。但是从某某头目招待的饭菜来看,非常简单,而且是手艺一般的士兵饭菜。不过,我已经吃腻了船上的饭菜,感觉很有食欲。

"我和士兵吃同样的饭,这让我想起前线的士兵。"

H好像漫不经心地如此说道,拿起了筷子。

其后,亲自视察前线,我有痛切感受。但是战斗部队有时候给养之路完全断绝,不得已只能吃萝卜和生红薯,忍受饥饿。但是担任后方勤务的部队,特别是将校,据说多少有点放肆。如H这样具有绝不轻易浪费觉悟的人,确实非一般凡夫俗子所能比,现在更加让人佩服。

"两三天前,敌机曾飞到上空。"

H兴奋地说道。

"看,那儿有造船厂。突然有炸弹落在附近,我想过去看看。受伤的全都是支那人,真是混账!"

"这里没有防备吗?"

我茫然问道。

"嗯?有没有……没有。某某炮有某门。打偏了!"

"逃得真快啊!"

还没有看到敌机的S过来支援。

白河

为塘沽栈桥

因为感觉奇怪,将校们如果听到某某炮没有射中,他们就会认为其真是业余水平。其实那是因为他们不知道对方的语言习惯。直白地说,他们具有自己所属兵种的自大,并且肆无忌惮地表现了出来,还有专门贬低其他兵种的幼稚习惯。绝非轻视近代武器的威力。反过来说,某飞行将校对我说及此次的实战经验,他断言有飞机的强敌并不是因为强大的敌机,也不是炮兵和机枪,而是散开步兵的步枪射击。这是值得玩味的说法。

日本部队军官

话说乱了,但是我们吃得饱饱的,向 H 告辞。

"不会被霍乱等击倒吧?"

我开着玩笑说道。

"嗯,你们也要注意流弹!"

说着他送我们出来,他向 S 小声说道。

"到了这里,去前线的同期生全都要拜访。你要按照他说的做……你们早死!如此一来,你就要担任队长一职了……"

到达天津

塘沽的车站非常混乱。

因此,我首先读懂了支那民众的表情,非常平静,他们悠然自得,只有我感到紧张而已。很难说每个人如何,但观察作为民众的他们,我感觉这里没有什么能够反映出战争所带来的影响。

毋宁说这个混乱的印象，是在他们中间引起骚动的各种日本人的姿态。

蓝鼠的水兵服装上别着鲜红袖章，五六名意大利守备兵好像没事人一样往来于站台，景象十分奇异。

如果要说明亮的色彩，则为刚才不时浮现出的日本女子和服。但是如果注意的话，这也可以说看到了似曾相识的风采，让人不忍正视。这样的事情让人伤感是奇怪的，但我也慢慢习惯了。

我和军官们告别，坐上了前面的车。

他们也都是刚从内地派遣过来的记者，我和大朝、东朝的记者们坐在一起。

他们说从军记者也要有二三个月的时间到前线去，因此感到筋疲力尽。我也觉得确实如此。

火车以最慢的速度前进，沿路看上去非常荒芜，但也并不只是黄土，而是到处种着棉花、玉米、白菜等作物。我觉得今年无人拾掇了。

路旁有一台火车头倒在那里，被风雨侵蚀，生了红锈。

电线杆也都并排倒在地上。

可能是柳树吧，一望无际的平原，到处都是茂密的树木。几乎看不到人影。

到达天津是下午五点，马上坐汽车到驻屯军司令部。

我原以为市里应该充满杀气，不过在车站附近，

从飞机上看到的浸水地带

人力车夫争相招呼客人的声音让人颇感意外。市区到处都是日本士兵也是事实。不过在日本内地,地方的卫戍地也是如此,也能见到士兵。

只不过司令部戒备森严,首先是卫兵的素质不同。遗憾的是我身穿便装,便惶恐地递上了名片。

"我想拜访宣传部的 K 中佐……"

我步行前往士兵所指的地方,途中我向遇到的一个军官问路。

宣传部位于二楼的大房间,其出口旁是新闻记者室,墙上挂着牌子,写着各报社的名字。也有文艺春秋社。其下面悬挂着红色告示牌,写有"不在"的字样。

我往屋里探头,看到记者们正围坐在一个大桌子边,等待司令部发布信息。联络人让我稍候。

正面的黑板上画着地图,这是发言的军官为了慎重起见而做的。他用黑白色将战术教官的略图随手按原样画了出来。用粗线斜插上去的箭头,表示攻击重点。

K 中佐是陆军省的松井中佐向我介绍的,可惜他不在,代之的是 M 少佐。他给我讲了很多可资参考的内容。

"你在火车上看过《富士》附赠刊吗?"

"啊,是的。"

我有点不好意思。于是我将此次访问战地的目的简单给他说了一下。M 少佐仔细聆听我的意见,尽可能给我提供方便,非常好的人。我拜托他说如有可能,我想加入观战武官的行列。

"我想可以,明天再过来看看吧!"他如此说道。

夜里,受到同船 T 书记生的关照,我得以住在英租界的泰莱饭店。之前我听说日租界的旅馆已经满员。

租界文化

夜里,我在 T 书记生的陪同下到市内散步,他能说一口流利的汉语。

进入日租界,向交通巡查询问最为繁华的街道是哪里,他告之前行不远处转弯。我们将其想象为殖民地的银座,不过我们从这里步入的却是一条幽暗的街道。

我想这里应该就是常盘街。人来人往,非常热闹,两旁的房屋都透着光,我马上明白了这就是日本内地的所谓花柳街。有艺妓屋、料理屋、待合风①的酒馆,寿司店、荞麦店、点心店等商店也鳞次栉比。全都是中国式的建筑,只在门口贴上格子和帘子。这种异样的风景是其他租界所看不到的。不过,日本人的注重乡土风情,经常会以这样的形式出现,这在很多事情上都能表现出来。

如此说来,各国租界就形成了有趣的对照,站在十字路口观察交通巡查的服装,便可以发现这一点。

英国是轻快的服装,在藏青色布面上配以白色的宽袖;法国是咖啡色的士兵服,比较一般,但帽子是黑色缀以红帽檐的法式风格,非常时髦。看日本的服装,不知道是谁设计的,非常类似于支那保安队服装,而且在他们身上看不到其他租界巡查的那种得意之色。不知道是否因为这个原因,在日法两国租界的边界,双方的巡查总是相对而立。我们能够看到一方是越南人,却有法国人的气质;日本方面的支那巡查则有点小混混之气。

---

① 待合屋就是专供召妓游乐的酒馆。

关注这样的事，可能会有人嗤之以鼻。但是我认为在支那的"日本"，在民众眼里各方面都比平常更加简练和有趣，特别是被称赞为近代的时髦。

想不到依赖欧美的风潮，在这里也成了一个因素。对于支那的各国租界文化，当局是否应该从政治上进行探讨呢？

暂且不提这些，回到旅馆，我抓住 T 书记生问了很多问题。事变前他长期在支那沿海的一个领事馆工作，阅历丰富，有很多有趣的话题，都是关于在支那的日本人的。现在虽然没有时间一一介绍，但我知道这里面也隐含着一把调整日中关系的钥匙。此次的事变日益复杂，而且我想此次事变的微妙将来，也落在了我们国民的肩上。

英国人经营的这个旅馆，首先在天津可以说是一流的。服务员都是支那人，这一点非常奇怪。没有人对日本人表示出不友好的强硬态度。如果能够稍微看到这种所谓"侮日的"态度，我不用担心一晚上睡不好觉了。不过，他们内心怎么想的，我不知道，表面上并没有什么异常。毋宁说他们只是作为义务而忠实执行，既没有表现出特别亲切，也没有什么不高兴。

我因为口渴，命令其拿过来冰水。于是他就将温水倒入空瓶子里，然后盖上盖带过来。由于是温开水，没有那么凉。

就这样，我喝了一杯凉白开水，开始阅读今天刚在日租界书店购买的《抗日论》。不管是时间还是地点，这个翻译的论文集都很有意思。

这是蒋介石等十七个人为了指导时局而写的文章，该书呈现出了各种重要人物的思想和风采。冯、张、毛、章、徐、胡（适）、何、陈、宋（庆龄）的言论，尤其具有代表性。

为了加深我国国民对于此次事变的认识，尤其是全体知识分子的觉悟，这些文献需要我们广泛阅读。

然而，日本人在危急时刻举国一致的态度非常显著，令人佩服。正因如此，我希望政治家本人要深刻铭记作为政治家的重责。

第二天，我前往司令部，获得从军记者的袖章。这是M少佐昨天通知我的。遗憾的是仅观战武官及其引导者就已经坐满了机舱，我无法同行，不得已只好取消行程。于是，我说希望能尽早去保定，他说如此的话可以安排乘坐联络机，听到此话，我终于松了一口气。实际上，从天津到保定，当时来说一般需要三天的时间。乘坐飞机的话，一个小时就到了，因此没有比这更快的了。

为了不出差错，我晚上乘坐汽车到临时机场进行实地考察。得知飞机第二天八点出发。

如此一来，我就安心了。于是返回市里，去日租界的一个类似于公司的商场去看看。由于钱包破了，加之围巾也不知道忘在了何处，必须重买新的。于是，我一个人独自在各个商场逛游。在漂亮的支那售货员面前，围着满脸胡须的士兵。在杂货场，他们假装糊涂地问道有香烟吗？女售货员则稍微皱起典型的柳叶眉，摆起了架子。最后无论谁再问，她都不回答，只是歪着头，一副不耐烦的样子。士兵也坚持不住了，只好无奈地说："走吧，走吧！"说完他们就离去了。

我突然发现自己所要找的小钱包就摆在那里。于是我指着方盒里的东西对她说，请拿出来让我看看。于是，那个女售货员用颇为麻利的动作，将东西抛到我面前。

"多少钱？"

"……"

她好像回答了什么,但我听不清楚。

"唉?"

"……"

"不明白"

"一元五十钱"

她用银铃般的声音,说出了流利的日语。

交钱时,她不断摇起放在那里的摇铃,一直都没有停止。在我猜想这是什么意思时,从对面过来了一个服务员模样的男子,收了我的钱。然后,我想她会将找的零钱和商品一起交给我,可是她没再说话。后面一个不认识的人从旁边走了过来。凄艳这个词实际上非常适合她。在日本,傻子是不合格的。如果你想询问她为什么这样?她却什么也不再说了。不过她还是一直站在那里,男子则负责找零。这在百货商店很有意思。作为支那的习惯,这也是很自然的,并让我突然想起了任意驱使女人,只是日本的好风气。为了避免自己说的武断,还必须看别的事情。即陈列馆内有任何时候都无法忽视的地方特色。

天上的一对一厮杀

我将一半的行李寄存在旅馆的账房,然后早晨早早前往机场。坦白地说,我乘坐这样的飞机还是第一次。

我并没有那么急于旅行,而且总觉得时间太长,因此不知不觉间就变得厌烦起来。即便后来我自己吓唬自己说那个机器能在空中飞到几百尺,我也一点都没有感到危险的靠近。不仅如此,以后我还逐渐练成了钢铁般的意志。

天津——北京

要想在天津街道上打到出租车几乎是不可能的。我不知道平常如何,但是现在一辆汽车都没有看到。

我招呼过来的人力车根本听不懂我说话。

"泰莱饭店。"

我说了几次,他还是不明白。

"英租界。"

我说的话多少带点汉语发音,但是车夫仍旧一片茫然。

"泰莱饭店。"

我重复说道。饭店就是旅馆的意思。

管理交通的巡查过来了。

我想这样一来他就能明白了,于是再次说道:"泰莱饭店。"

他点了点头,对车夫做了些说明。

车夫脸上露出"啊,这样"的表情,便出发了。

但是我感觉方向错了。应该要通过法租界,但是他从日租界突然转向了相反的方向。

我急得直跺脚,重复说道:"英租界。"

车夫好像听不见。我抬头一看确实是外国租界,但是我想从这里能够走到那里吗?我看到眼前的洋馆悬挂着意大利国旗。

正在我感到奇怪的时候,车夫突然来到一个像城堡的建筑物门前,很有气势地放下车头。

这里是一个淡黄色的二层建筑,前面是宽阔的院子,简洁的圆柱构成拱门,犹如南方的回廊。回廊到处都是穿着军服的白人,他们或在谈笑,或在擦靴子。

不用说,这是意大利驻屯军的兵营。

虽然拉错了地方,但是他很单纯,我一点都没有生气。由于他让我看到了不会特意过来参观的情景,我决定给他双倍的车费。

我拿出笔记本,并在上面写上"Talati House Hotel",请正要通过这里的一个知识分子模样的支那人看,并请他给车夫说明地点,车夫擦着汗露出非常失望的表情。

泰莱饭店,还能记得我的经理、服务员都非常亲切地出来迎接。

在上海的外国租界,我没有这样的待遇。特别是在香港,我还听说日本人等不能随便上街。当然,也并不都是如此。即便是在天津和北京,也都与事变前的气氛有很大不同。一个日本人乘坐人力车付钱时,一般十钱的地方,车夫会向其要五十钱。如果你觉得价格高,他就会说出五十钱去乘坐前面的车吧。此时你只能假装不知道。

当然,这样的事并不稀罕。不过现在我是不相信的。作为日本人,我认为可以居住得更加舒服。当然我也并不因此而安心。我们只要明白支那人顺应"时势"的能力是惊人的就行了。我的判断是他们一点都没有变化。我们完全能在明哲保身的民众身上看到季节性的变化。

那么,日本人应该怎么办呢?我觉得应该在某些场合下让他们感到能够得到帮助。能忍则忍,他们就会和我们拉开距离。日本人也会拼命忍耐,他们就会张开大嘴,显得非常惊讶。如果是日本人,就会马上转身吐舌,而对于支那人来说,可能只有在梦中才可以。

他们如何看待日军的胜利呢？这无需成为一个问题。打败支那的日本,将来采取何种态度来面对北支民众？我想关键还是自身是将他们视为永远的朋友还是敌人。

我认为他们没有民族意识和国家观念的说法过于极端了；当然说他们具有抗敌精神的观点也有点过了。这些全都是按照日本人的标准所推测出来的,我认为这是错误的。

即便在欧洲那样的地方,即作为近代国家而发展起来的国家,在这一点上也经常表现出矛盾的情况。这在各种书里也都讲过。

阅读莫泊桑的短篇小说,在众多以普法战争为题材的小说中,爱国精神和超越国境的亲和,在同样的环境和同样的人物中间也会呈现出微妙的混乱,这也都是大家所能感受到的。当然这也只是某些场合。在某些场合,也会反复出现日本人所想象不到的奇怪场面。

欧美人会严格区分战斗人员和非战斗人员,这也不是日本人的情感所能完全理解的。

从天津到北京的火车,与平时不同,现在是每天一趟,且需花费六个小时。

我怀着和去前线时不一样的兴奋心情,在心中描绘出了北京这个"万人敬仰的古都"。

我以为乘客大部分会是日本人,但是观察各个站台,我发现扛着大行李包的支那人也非常多。

交由满铁经营后,这个列车也有满洲伙计乘坐,他们日语都非常好,我刚开始还认为他们是日本人呢。

随着火车靠近北京,眺望沿途,我反而觉得有些荒凉,我感到秋色日渐浓厚。但是树叶还没有落下,黄色渲染的大自然犹如一幅美妙的图画。

终于看到北京城门了,列车迅速驶入站内,我陷入了一种难以名状的错觉。

到处都有悬挂美国国旗的大型巴士,它们正在站台慢悠悠地前行。

十四、天津风土记

向井润吉(1901—1995),日本京都人,1914年在京都市立美术工艺学校学习,1916年在关西美术院学习人物素描和油彩画。1927年前往法国留学临摹名画,1930年回国。1936年成为二科会会员,1937年作为陆军报道班成员,从事战争记录画的制作。1945年成立行动美术协会,1959年赴欧洲各地写生,1966年作为日本访中代表团成员来华,历访北京、上海、苏州等地。1993年成立向井润吉工作室,1995年因急性肺炎去世。主要著作为《中国苏州上空的影子》《聚落》《岳麓好日》等,另有随笔集《北支风土记》《南十字星下》等。

本文节译自木村毅编《支那纪行》(第一书坊1940年版)第111—115页。

杂沓一瞥

第一次到访此地,我从天津车站下车,马上就陷入了不可思议的嘈杂、叫喊声和困惑之中。这些都是支那之景色,也是其生活及声音。而且这一印象,无论到支那何处,都无需更正,可谓是颇为便利的缩印版。

我看到车站前被炸毁的房屋,很是凄惨。渡过万国桥,往来的行人和车辆更加密集,叫喊声马上变成了一个大音响,我所奇怪的是碰到如此混乱不堪的街区,反而能够让人看到这里作为(北支的大阪)的面目和文化姿态。

在日租界正中央耸立着一幢五层楼的建筑,那就是中原公司。进入法租界有一个名为劝业场组织的天祥市场。一层大都是杂货,沿着柔软的楼梯向上走,有骗人的书画店、古董店和便宜的毛皮店。作为战地特产,也有不少客人在这里购买青龙刀和勋章带回去。上面好像还有戏院,固定好的钟和大鼓,其声响在空旷的天空中回荡,然后逐渐归于平静。我很是感叹他们竟是如此对战争满不在乎的人。在维多利亚公园散步,在法租界购物,在德租界吃晚饭,夜里欣赏支那戏曲或参观意租界的回力球,兼具有参观人种,具有很好的洋行气氛。

在市政府遗址

飞奔的胶皮(在北京及其他地方称东洋车,而天津地方则还特称为洋车),穿过东马路热闹的人群,渡过金刚桥——在天津被称为最好的三个桥之一,左边就是天津特别市政府公署。

途中有一两处路口还能看到杂乱无章的遗迹,站在市政府旧址上眺望,显得更加悲惨,甚至可以说是哀切。日军的轰炸真是非常厉害且精确。这些鲜明的现实让人有一种难以言说的惊叹和压迫。在化为一片废墟的市政府公署附近,隔着一条道路,其院落甚至连围墙都没有受损。

窗户被熏得漆黑,和屋顶一起散落满地,掩盖了零落的桌椅,玻璃和瓦砾到处堆积成山。我们走到后院查看,这里可能是市长散步之地,在支那风格的花园里,还残留着烧剩下的树木,树枝上还留有树叶,拴在这里的军马在碧空如洗的天空里嘶叫。只有晾干的士兵衬衫,白得刺眼。苦力和巡警正在此地忙着收拾废墟,乞丐则躲过他们的眼睛前来捡拾东西。小孩子们偷偷向巡警告密,在乞丐被带走后,他们马上在此地挖掘,真是一副地狱之图。在围墙内,传出了巡警鞭打乞丐的声音。

看到我的样子和袖章,一个在此废墟进行纪念拍照的摄影师,微笑着走了过来,脸上露出满不在乎的表情。

南开大学

说起有日本驻屯军司令部的海光寺,据说是一座有历史的寺庙,建造于康熙年代,英清谈判曾在此举行。

作者所画中国渔民之生活场景

后来在团匪事变时被我军所占领,并成为兵营……从海光寺出来,沿着附近两侧的道路南行约二公里,右侧能够看到南开大学的建筑物。渡过河水涨满的小河,我们来到好像是正门的门卫室,征得他们的同意,我们得以进去参观。先前抗日学生据守在这里,不断制造骚乱,如今这里一片狼藉,让人心情痛快。还未烧毁的房屋,很快成了警备部队的宿舍。这里飘散着强烈的马粪臭味。

南开大学具有大学的庄重和豪华,但是随着抗日的噩梦而烟消雾散。钢铁构架被折弯,钢筋和混凝土地面犹如旧军阀一样崩塌,连个下脚的地方都没有。悬挂着"思善堂"①匾额的礼堂还在,但也只剩下红色砖柱。如名所示,里面自然也已经塌了。在思源堂对面,我们进入到左边一个大建筑物里去参观。玻璃上散落着木片、瓦碎片。任人踩踏的笔记本和教科书类的东西(坠落的文化)露出痛苦之态。在被硝烟熏得漆黑的墙壁黑板上面,攻入这里的士兵们刻上了充满感慨的日记以及部队的名字,洁白地浮现在眼前。每一个房间和楼梯,都好像在诉说着所经历的惨烈战斗,此情此景,令人叹息不已。

我们注意着脚下,登上了没有人影的楼梯到屋顶观看,前述思源堂对面穿过树林的广阔街道,一片嘈杂。行走在白河之上的桅杆逐渐靠近,这一充满生机的生活场景映入我们眼里。这里充满拙笔所描绘的寂寞心境。夜间鬼哭愁,想着身穿蓝色便衣的知识分子亡灵现在可能还处于迷糊之中,我便走下了楼梯。

---

① 应为思源堂,此为作者笔误。

十五、天津视察记

饭塚知信(1892—1965)，日本新潟县柏崎市人，饭塚弥一郎的次子。1929年至1935年任新潟县柏崎市高田村村长。中日战争爆发后，他前往中国视察战场，先后撰写了《中支皇军慰问行》(1940年)、《南支皇军慰问行》(1941年)，另外还著有《秋幸苑御驻跸记》(新潟日报事业社出版)。为建立新潟县立柏崎农业高等学校，曾捐赠一万五千坪土地。喜欢茶道，有庵号为"光风庵宗信"，1965年去世，享年72岁。饭塚家为新潟县柏崎市大地主，昭和天皇视察新潟县时就曾下榻在饭塚家。

本文节译自饭塚知信著《中支皇军慰问行附北支视察记》(越后时报社,1940年7月出版)第251—253页。

（一九三八年）五月十三日七点半起床，微阴，今天预订前往天津。

九点，乘坐包租的汽车参观济南的名胜古迹。回到宾馆后，由于津浦线发生事故，列车晚了三个小时。本来列车从济南出发是在上午八点三十分，结果直到十二点才出发。为了不耽误事，我早早赶到车站。九点，火车到达天津。渡过有名的万国桥，我乘坐出租车入住日租界芙蓉馆。

天津以英租界为中心，非常繁华，夜里我停止了对天津的考察。

自青岛登陆以来，我没见过一枚法币，全都是带有花纹的联银纸币在流通，像手帕一样大，令人高兴。

五月十四日，七点起床。

天津以英租界为巢穴，抗日恐怖组织非常横行，处处让人感到杀气腾腾，难以让人安心参观。不过，我们一行还是于九点外出散步。路上只有两辆相连的电车通过，非常寂静，可能是因为我们起得早。来到中原公司门前，我看到商店还没有开门，只好回去。我们在街上散步时，正好遇到贵岛部队的两名士兵。他们两人看到我们的袖章，非常高兴。于是，我们便站在街头聊天，他们说是最近从大同、内地来到天津的。根据两个士兵的谈话可知，天津如今人心骚动，在市区热闹地的中原公司门前，白天就发生过抗日团体袭击的恐怖事件，因此一点都不能大意。两个士兵中的一个人不断警戒着四周，睁着有点恐慌的眼睛，让人感到很不寻常。我们和士兵告别后去大和公园闲逛，参拜天津神社后回了一次宾馆。因为大家说要坐出租车去看看租界，于是又出去。在法租界的边界，哨兵说这里危险！不让我们进入租界，只好返回旅馆。

午饭后,关矢、吉川两人因为要到天津防卫司令部访问某司令官而留在宾馆,我和中村、桑山、清水三人乘坐下午一点五十分的快速列车离开天津,前往北京。关矢、吉川两人与我们在北京会合。

在天津至北京的列车上,我们遇到了仙台铁道局主办的满支旅行团。这个列车是从奉天开过来的国际列车。旅行团男女老少都有,非常热闹。据他们一行人说,宫城、福岛、新潟三县的皇军演艺慰问团,于本月五日从新泻港出发来满洲。

我们自青岛登陆以来,每天都要乘坐火车,都厌烦了。无论乘坐国际列车多么舒服,我也难以忍受从天津至北京的三个小时。四点半左右,已经可以从车窗看到北京的街道,我的心情才逐渐好起来。

十六、天津的租界

福田清人(1904—1995),日本长崎县人,日本儿童文学作家、文艺评论家。东京大学文学部国文科毕业,1929年入第一书房,参加编辑《新思潮》,1947年出版《岬之少年》,开始文学创作活动。1955年和浜田广介设立日本儿童文艺家协会,又和滑川道夫、鸟越信等人设立日本儿童文学会,1962年设立日本近代文学馆,担任常务理事。1975年就任日本儿童文艺家协会会长。历任立教大学、实践女子大学、立教女子学院教授。1995年去世,享年90岁。代表作品有《天平的少年》《春の目玉》《秋の目玉》等。

本文节译自木村毅编《支那纪行》(第一书坊1940年版)第107—110页。

支那纪行

在一直奔跑的列车里，透过黄色玻璃，我看到外面的树梢在剧烈晃动。外面的世界不时变得昏暗起来，摇晃的树木、低矮的民房也都隐藏了起来。这样的蒙古风，将天津市区完全笼罩在了黑褐色的雾里。

我紧抓着一元八十钱的便宜防护帽檐，这是在北京东安市场购买的。为了尽量减少沙尘吹到脸上，大家哭丧着脸侧身站在车站前。

在前往旅馆的汽车里，搬运工人说道："客机今天也无法登陆，只能这样去北京。"

"如果北京也这样的话，该如何办呢？"

"啊……"

他稍微想了想，犹如自己是果断的飞行员那样决然说道："转二三圈看看再降落。"

旅馆位于街角。电车从窗户下面经过。这个电车因对角线而将驾驶员所处的车体前部划分为四部分，其线所形成的四个三角形，里面交叉涂满了红黑色。这都是充满刺激性的颜色。在窗户下面的车站，傍晚都是急着回家的劳动者们，他们争先恐后地涌到狭窄的电车口上车。

无论是人的行动，还是车夫的奔跑，这里都显得非常匆忙，没有北京的悠闲。这让我想起了事变前紧张的上海租界。天津确实让人感到和上海相似。

我在去旅馆的途中，从车窗看到租界边界线戒备森严。一方布满铁丝网，另一方则一直竖着铁板。士兵戴着钢盔，手握带有刺刀的步枪，看上去都让人感到紧张。这里犹如国境线。

一般来说，内地的日本人不太了解外交或国际上的经济事情，这可能是因为国境四面环海。欧洲各国则不一样,国与国相邻,相互之间充满竞争。

　　上海和天津则有"租界"这个边界线。作为本国在东洋的派出机构,虽然各国租界狭小,但是能够对中支、北支的广大区域发挥作用,因此各国的能量都在这里缓缓沸腾。作为超越内地的现实问题,当地的外国人因为强大的利害关系而都非常觊觎这里。

　　九点过后,天空逐渐暗淡下来。之前没有风,因此即便有暴雨,仍旧是一个清爽的夏夜。我向散发着明亮灯光的地方走去,看到街道两侧全都是沙袋,铁丝网布满人行道。通行之人在这里必须排成细长队伍才能通过。这里距离我在日租界下榻的旅馆有三四百米远。

　　通过这里时,一个支那警察模样的男子,一脸严峻,好像在说着什么。我本想过去但最终还是作罢,回来了。边界对面与日租界相隔,灯火通明,非常热闹。

　　第二天,白天我一直在电车线路转弯处的法租界中心地行走,然后到白河岸边,沿着河边的十五号线路返回日租界。

　　天津发生了几次针对日本人的恐怖事件,而且当天中午正与临近的英租界当局就引渡从事恐怖活动的犯人期限问题进行谈判。我总觉得这种悠闲散步的步调很容易被打乱。这是我在这次旅行中直接看到的,不过日本在满洲当然还有更大的野心,并且一直都在推进建设。在蒙疆地区,日本应该成立一个统一的组织。我觉得在沙漠占据一半面积的平原也应该建立起秩序。

　　北支——北京是深绿色之美,古老的宫殿让人安静,市民表面上也很平和,新的东西也能融入到这个城市悠久的历史当中。

北支新的一面,只能从所接触的人们的口气中才能了解到。现在只要来到天津,你就能感受到活生生的危险就在面前。这是开发北支最为关键之点。我在这里看到的是新旧参半。

十七、天津奇遇记

栗本寅治,生卒年不详,日本经济专家,瀛华洋行职员,曾任上海实业有志会理事。在中国长江流域生活三十余年,出版有《长江三十年》《实业之日本》《沪畔随想》《续长江三十年》等书。

本文节译自栗本寅治著《长江三十年》(非卖品,1939年12月大日本印刷株式会社印刷,1940年1月发行)第64—72页。

大概是一九一二年,我去天津收购棉花。其所交涉的对象是中国人。当时,我在天津也没有亲密的日本朋友,即便从工作性质考虑,也没有事情需要依靠当地的日本人。我对自己的汉语没有信心,加之交涉对象是中国人,当时和我一起出入店内的鲍维记,是一个稍微懂点日语的男子,与我同道,就成了我的翻译。

如果是现在,从上海出发,经陆路过南京沿津浦路只需要三十六七个小时就能到达天津。但是当时到天津只能走海路,而且海路还没有日本船只通行。船名忘记了,但确实是太古轮船公司的船只,不足二千吨、吃水比较浅。乘坐这样的船只过去,坐船需要五天。在山城丸上遭过罪的我,讨厌海路之旅,但也只能由此而行。第三天,船在威海卫停靠。这里是英国东洋舰队的根据地。这让我想起甲午战争时横在威海卫港口的刘公岛,遭到日本海军炮击的往事。现在在船上还能看到那个刘公岛。海水很清澈,在如此良好地形的地方,日本能够战胜中国,而且被英国所租借,诚非怪事也!想起甲午战争后外国干涉之事,颇感遗憾。

几个小时候后,船再次出发,下一个停泊处是芝罘(即烟台)。经过六七个小时,终于到达芝罘。有很多乘客上下船。船只当然还是停在海上。在这里也停泊了几个小时。第二天,船只在大沽口靠岸。从那时起吹起的海风,使得污浊的海水掀起了大风浪,船只虽然靠岸暂时停泊在港口,但是非常摇晃,让人很难受。为了等待风停而耽误了一天,让人感觉时间漫长而久远。船上的下级职员大都是中国水夫,高级船员全都是英国人。他们在停船时也忍受着无聊,中国人大都打麻将或牌九,英国人则玩扑克牌。其中也有读书者,令人敬佩。我翻看一个中国人所读的书,都是没有什么内容的中国猥琐小说。在日本等地是绝对禁止发行的。而中国的下层人士,却很喜欢读这样的书。

该船在塘沽有装卸工人。铁锚拴在船身两侧后便开始卸货。听说是因为从这里进入河道,需要减轻船只的重量。从此时开始,装卸工人的装备就非常完善了。

船只终于开始沿白河上溯。迂回曲折,乃是形容白河弯曲的一个词。河宽仅有五十七米,弯道多。刚才走岔的中国帆船,不到十分钟就在看似遥远的地方和该船并行起来,想起来真是奇妙。据中国人说,这是因为河道弯曲。确实如此,在几处弯道,船头会碰到河床。由于河岸是脆弱的红土,船只不会受损。经过四五个小时的航行,船只终于在天津的紫竹林码头靠岸(现在是法租界河岸)。

白河水非常浑浊,比扬子江的水还严重,实在是有名无实,其名真是令人难以苟同。登陆后经过几天的闲谈,我终于明白了白河之名的历史。于是,一个年老的中国人拍着我的肩膀,笑着说:

你知道吗?白河有九十九个弯,但不能称为九十九曲河,而是因为差一个弯到一百,也就是说百字头上去掉一个一,这就是白河之名。经他如此一说,让人听起来简直犹如在说相声,我不由得哈哈大笑起来。

中国人经常会创造这样风格的字,有时候分解开反过来看更有趣。

下面,我说说"吃醋"烧饼之事。说道"吃醋",可能没有人感兴趣。因此,将"醋"字分解开。昔字分解后为二十一日。酉在时间上说是六时。二十一日也就是三个礼拜(三周)。因此,"醋"可以说是"三礼拜六点钟",引人哄笑。"烧"也有意思(嫉妒之意)。说起白河时,我想起来的,就记在这里了。

那时候,日租界和其他租界相比,即便从地利来说,和其他租界如法、英、德租界相比,也非常热闹。

　　这是因为它连接中国街区,也因为此地建立了娱乐场所。虽然我记得并不逊色于其他租界,但是前几年来过久别之地,当时是为设立支店之事出差来津,看了一圈各国租界,我记得日租界和其他租界全然不同。即高楼大厦都转移到了法、英租界,经济中心也在英租界。作为租界的收入,日租界虽然并不逊于其他租界,但其经营的基本理念,我感觉有很大的不同,想起来很是令人遗憾。现在,对于面积狭小的法、英租界,甚至都已经采取了封锁租界的强硬对策,这种强力之下的罪恶,我想说的是这是天津在留同胞们所应该负责的。

　　当时,旅馆有常盘馆。但是我选择了远比日本旅馆更为经济的,且因为中国关系而便宜很多的中国旅馆。那就是位于法租界的佛照楼。上次来的时候,我曾找过这个佛照楼,但没有找到。

　　鲍君一到天津,就担任我的翻译。即便如此,此行也不是非常顺利。首先鲍的汉语,不是我不明白,而是天津人不明白。鲍是宁波人。本来宁波人的口音就不容易成为北方官话。这个难得的翻译,在我这方面来说,毋宁说我成了鲍君的翻译,当老师真的非常辛苦。同时,如果从一开始就能听懂汉语,我确信那应该是北方话。

　　原来的工作,从结果来说并不是那么好。但大致了解了,滞留十五天后我决定回上海。但是,在滞留佛照楼期间,几天来我的住房旁边住着一位中国妇女。在我出发三四天前的一个夜里,我听见两个女人哭了一夜。时哭时停。而且这种没有男人的两个女子的哭声,让我觉得颇为哀愁。

　　第二天早晨,哭声暂时停止,可是夜里又开始哭泣。没有办法,我让鲍君去那个房间看看,询问原因。我才知道前几天她们要卖身,最终将女儿卖了。因此女儿哭,母亲也哭。母亲好像不是生母。但是从感情上来说,即便不是亲生母亲,既然养大了,也是有亲情的。父母为了钱而放弃孩子,孩子为了父母而卖身。如果人间有情,即便是鬼迷心窍的父母,也满是悲哀吧。我同情她们的分离之别。听到其情况后,我认为可能她觉得反正是女儿,将来必定要嫁人,总之都是分别的命运。现在为了钱,只好将其交给北方的粗野男子。女儿并不喜欢天津和北京,还是想去故乡苏州附近的地方。

鲍君也觉得她们非常可怜,深表同情。

"栗本君,她是非常可怜的女儿,还进去看看吗?如果想要帮助她,与其被卖为女郎,还不如成为良家的女婢。"

"鲍君,那需要多少钱?可是你我手头也都不宽裕啊……"

"花不了多少钱,只要一百元钱。确实用不了多少钱!"

我侧耳倾听。与其说是表示同情,还不如说是太过廉价,感觉没有价值。

"因为她是苏州人!"

"鲍君,她今年多大了?"

"妙龄十五。如果在上海即便是五百元也买不到。能够获得暴利。"

我们只是如此开着玩笑说道。他一直说便宜便宜,我则感到几分讨厌。

"栗本君,钱很少,不过是几晚住宿的钱,总之在上海,一百五六十元是什么也干不了的。"

"没事,鲍君,不要担心以后的姻缘。总之,我觉得她们可怜,也很想帮助她们,但是我现在也有困难……"

他稍微有点困窘。

"这样的事并不少见,她们有誓约书。"

如此,他最终还是决定买下那个女儿。

在接纳当天,他让代书人书写好誓约书,上面由其母女咬破小手指摁手印。母亲从鲍君那儿领取欠款,但是并没有签名,只是将她的女儿交给了鲍君,而后便告辞而去。这样,那个女儿也不哭了,也没有了先前的悲伤,两人就此分别了。在她们看来,也没有想到会被住店的客人所救,也非常安心吧。

我的天津之行,没有想到也会遇到这样买卖人身的事情,可能这就是所说的机缘巧合吧。现在,她可能不会如此相信日本人了。此后,她照顾在我店内工作的黄性良和鲍君,后来嫁给了上海的一个米店老板。

十八、透视新天津

长野朗 (1888—1975),日本福冈县人,1906 年入陆军士官学校,与石原莞尔是同学。1909 年毕业后进入步兵第 48 联队。1912 年在中国汉口的日租界担任警备工作。1919 年作为自费留学生来华,在北京学习汉语一年。1920 年夏再次来中国,担任天津日本驻屯军随从。1923 年作为天津日本驻屯军非正式职员,参加了"兵要地志"的调查。1926 年创建中国问题研究所,专心研究中国问题。1928 年至 1937 年兼职东亚经济联盟调查局理事。1931 年出版了 13 部有关中国东北问题的系列著作。

本文节译自长野郎著《透视新支那》(东世社 1941 年版)第 3—25 页。

天津之街

支那事变发生以来,由于支那内地的情形还不是很清楚,我突然想去考察,便于一九三七年十月十六日从东京出发,经朝鲜、满洲,通过铁路进入北支。

火车到达塘沽,正好天亮。放眼望去,铁路沿线全都是渺茫的沼泽、湖泊,耕地也全都被水淹了,到处都是漆黑的泥土。今年自八月以来降雨持续了一个多月,再加上支那兵逃窜时致使堤防崩溃,形成了近年少有的大洪水。在日租界,洪水距离河岸也只有几寸了。天津、保定的沼泽地也是如此,不过此次津浦铁路两侧地带尤其严重。由于此次洪水,今秋的庄稼遭受严重打击,再过一个月就要进入结冰期了,现在看来洪水会结冰,那么来春的播种也无法进行,对农民来说此乃一大打击。加之支那方面宣传说还有战争,支那民众逃跑者甚多,民间的购买力显著下降。因此,要想给天津市区带来活力,必须让这些民众回到居住的村庄并安心居住下来。这首先是治安的维持和交通的恢复。不然的话,北支的经济复苏就难以实现。现在铁路因为军事关系,还不能有大的期待。天津的交通主要是通过河道,但是沿线散兵游勇和土匪横行,交通难以保证安全。由于危险,不能携带现金出行。

在天津,支那街区,之前商店全都关门了,现在仅有少许的商店开门营业。因为上述情况,和支那内地没有贸易,外国贸易也不行,因此即便开店也没有买卖,开张就必须清账,清账就必然有很多商店倒闭,因此才以关门而得到一种类似延期偿付的优惠,今年的中秋节才可以平安度过。当然这个平安并不是真的无事,而是上述不合规则的平安而已。租界和去年来时没有特别大的不同。这是因为依靠资产生活的支那人多,以这样的市内消费者为对象的商家也多。

工厂也因此不景气,但是像纺织业等企业,最近开始逐渐有部分工厂开工。市内的消费不大,地方的购买力也没有,销售并不好。

在经济方面,河北省的棉花出了问题。由于今年发生了大洪水,其产量只有预计的一半。由于浸水,质量也很不好,也不能有大指望。

天津市区秋高气爽,比预想的要暖和,我军飞机在空中练习翻筋斗,洋溢着一派休闲景象。行走在街区的支那人,其态度也非常温和,从外国租界过来的孩子正去日租界的学校上学。我感到惊奇的是天津比我想象的要平稳,完全不像是战地。不过另一方面在炽烈的排日情绪下,无论是最温和的支那商人,还是妇女和孩子,抗日观念都是暗流涌动。只不过因为是支那人,没有表现出来而已。保安队袭击天津,日租界一时出现危机时,据说支那人全都不约而同地打出了支那国旗。如果对于此点不给予特别注意的话,将来可能会非常麻烦。

外国租界

我住在法租界的弟弟家中,但是法租界对日本的态度极为恶劣。开战的日租界和中国街之间很早就能自由通行了,但是日租界和法租界之间还堆着沙袋和拉着铁丝网,阻挡交通。夜里电车无法通行,除了最外侧的道路还都无法进出,通行必须绕一个大弯,到了早晨八点电车道才有电车驶来。早晨八点其他道路也都放行，但也只有一部分，另外一部分依然关闭。无论如何看，现在天津的形势，都让人感到没有必要如此谨慎。已如新闻报道那样，保安队进攻天津东站，仅有我守备队在车站内防御，孤立无援，从桥的另一侧一直在眺望的日本人，一晚上都担惊受怕，焦躁不安。但是法国方面禁止日军通过万国桥到达该地，只能依靠飞机救援，才逐渐解除了危险。这样的做法，前后还有不少。不用说英国人对日本人的态度也不好，拿着英国国旗在白河河口和天津之间往返的支那船员，对于走岔的日本船员也采取敌对行动，英国水兵在舰上侮辱日本人的举动，平常也总能见到。不过法租界当局，对于界内居住的日本人，没有进行任何压迫和干涉，这一点和以前没有任何变化。

天津的新闻出版界

事变前，天津以《大公报》为首，支那方面的各大报纸都进行大肆报道。但是随着事变的发生，大公报首先主动从天津撤走。就大公报来说，据说还有别的原因。大公报预料到会出现今天的局面，从前年开始在上海创办了大公报分社，在天津和上海两地发行，去年大公报在天津的出版事业，完全转移到了上海，随时准备从天津撤退。可以说这是因为报社老板吴鼎昌担任了南京政府的实业部长，作为蒋介石的智囊进行活动，因此他也需要将大公报作为机关报在上海开展活动。此外，编辑长张炽章（季鸾）事实上成了蒋介石的顾问，在南方进行活动。由于时机到来，报纸便从天津撤退了。

至于其他报纸，由于和南方的交通、通讯断绝，作为报纸生命的消息无法进来，报纸的配送又因交通和其他障碍而无法实现，加之新闻纸也无法进口，自然是难以发行。一直坚持到最后的是《益世报》，但是其配送也逐渐难以进行，只好用油纸将报纸包裹起来通过河流继续发行，报纸也减少到半页。苦于读不到报纸的支那民众，也都拿出二十钱争相购读这一粗糙的报纸。但是这也逐渐难以坚持，终至停刊。支那人之渴求支那报纸，由此也可以明白。其后在支那人中间，各种奇怪的谣言层出不穷。和这一谣言相并行，南京的广播趁机进入，开始引起北支人的注意。他们觉得应该聆听来自南京的消息，于是争相设立电台。而且从此时开始，报纸和号外都成了四六版型。号外出现在市里，其数约有几十甚至近百。这样的小报纸能够随处发行，主要是登载南京的广播消息，添油加醋，都是极为露骨的报道，以此来煽动人心。十几年前的支那读者还非常幼稚，现在支那人对报纸的态度已经变了，眼界高了。因此，最近一般人对支那新闻的态度都是英国式的。为了安定北支民心，支那的有志之士全都希望出现稳健公正的支那报纸。

预防注射

刚到天津之时，由于日租界正流行霍乱，对所有的支那人都强制进行霍乱预防注射。这在防疫上是理所当然的。这是对支那民众非常友好的行为。在日本人看来，这当然不是问题，但是这里也有支那的习惯，还发生了一件闹剧。那就是进行霍乱的预防注射。由于是突然给支那人打针，而支那人的卫生思想还不前卫，他们感到很吃惊。特别是女人非常讨厌让别人看到自己的肌肤，况且还是外国医生,更是如此。而且还有不怀好意的人散播各种谣言。不断有人宣传说这是日本人向支那人注射毒药,或者说一旦打了针就会一辈子不怀孕。由于忙碌无暇进行解释,因此才发生了这样的事情。但是我们也有必要好好研究支那人的习惯。日本要推进北支的建设,在人格上需要得到支那人的尊重。支那人的习惯是首先看礼仪,然后才会评价人格。特别是妇女讨厌的行为,必须要非常慎重。例如住宅的二楼,作为内室,是妇女的房间,如果不是特别亲近之人是不能上去的。外国人更是如此,作为访问者,如果没有人引导,是不应该去那里的。类似的事情还有很多。

外国人学校

法租界寓所前面是法国的学校。早晨很早就有人快乐地在踢足球。我过去看了看,发现好像是外国人的孩子,支那人的孩子,日本人的孩子,黑皮肤的安南人的孩子,完全超越了人种差别,大家友好地在一起游玩。语言约定为英语。不仅这里,外国人学校也全都是开放的,任何国家的人都可以入学。结果是在支那的知识分子当中,能够阅读外国报纸的人,要远比阅读中文报纸的人多。能说日语的人少,但能够流利说英语的人非常多。日本人做的事都很生硬。日本的学校只有日本人,支那人偶尔有少数混入,但也被差别对待。虽说有专门为支那人建造的中学校等学校,且有政策性的支持,但是由于缺少灵活性,支那人学者少。支那人去日本留学的很多,但是如果能在租界接受教育还是非常高兴的。而且从孩提时代就能一起游玩,对于两国人民的融合也是非常有利的。这个外国人学校的做法确实是一个参考,日本在做事的时候,应该少一点拘束，因为他们自己不知道何时该干什么。我想还是应该考虑更有效的方法。

从天津前往北京

十月二十五日早晨，我从天津出发前往北京。今年比在日本想象的要暖和，穿着冬装还感觉有点热。这是北支那特有的秋日好天气，早晨难得没有大雾。离开天津，进入北仓，然后到杨村。其间一面是永定河、白河流域，铁路两侧特别是左侧都被水淹了。一望无际的北支大平原的农田，全都是水，有些地方的水中还长出了芦苇，也有高粱枯萎在水中，高粱秆凌乱地倒在地里。其中还能看到倒塌的支那人房屋、倾倒的电线杆和柳树。这样的情景，过了杨村一直延续到落堡站。今年的水灾尤以津浦线为甚，受灾面积非常大。现在这里的洪水暂时还没有减少，进入十一月就会结冰，到明年四五月份还会有水。由于明年的播种无法进行，这就会造成超过两年的歉收。从北京、天津、保定的中间地带，至津浦线的两侧，天津地区从此时开始逐渐从水淹的危险中远去，能够察知其受灾情况。而且沿路眺望，和去年通过这里时相比较，农村的荒废景象更加令人触目惊心。因此，北支那的首要问题无论如何都是向这些贫民提供食物和住宿之地，这些全都是水灾后带来的问题。因此，这个冬天可能会出现很多乞丐，也可能会出现因没有食物而危害治安的人。水灾救济是眼下的急务，从收容难民到发放明年播撒的种子等，还有很多工作要做。

过了廊坊站，到处还有廊坊事件的遗迹，车站附近还能看到毁坏的房屋、炮弹飞到屋顶的痕迹等。从廊坊往北，有北支那少有的红叶景色，如画一般。其时火车从北京正门驶入。从天津到北京一般需要两个多小时，但是此次是于早晨七点四十五分从天津出发，下午二点过后才到达北京的，最近正逐渐恢复正轨。

保安队

　　保安队之名最近出现于各种场合，不过全都是不好的事情。最为典型的例子就是在通州虐杀日本人的就是保安队；在天津袭击日租界，给日本人生命带来危险的也是保安队；这次将上海的非武装地带武装起来，给皇军造成很大牺牲的也是保安队。那么，保安队究竟是什么呢？这是军队和警察的混合，而实际上是军队，犹如在通州、天津和上海见到的那样，步枪就不用说了，甚至还有机关枪和火炮，具有和军队一样的武装。但这究竟是因为什么而出现的呢？这是外交妥协的最好办法，说是军队有点太正式了，只不过表面伪装得好。冀东是停战区域，表面上不能驻扎军队，只好以保安队之名，由军队改变而成，武装、训练则和军队一样。而且其兵力达到了一万人，乃是颇有实力的军队。上海也有同样的非武装地带。此地也以保安队之名配备军队，不知不觉间构筑了坚固的堡垒，成了此次上海事变的发端。以上三个保安队都制造了大事变，造成了大灾难。如此想来，只是为了获得外交谈判的圆满解决而进行这样的变通，结果却造成了严重的后患。今后可能还会出现很多这样的情况。保安队是最应该排斥的东西。无论是正式驻扎军队或是不驻扎军队的地区，都应该将治安交给行政警察负责，并配备巡警。希望能够从日支外交谈判上将保安队之名除去。

大沽港

从天津回国走海路。上午十一点十五分从天津坐火车出发,到达塘沽是下午一点十五分,一点半乘坐驳船,行驶到距离白河口外十海里的海面,乘上停在那里的去往大连的天朝丸是在下午三点半,从塘沽出发需要约两个小时。去年夏天来天津时,我是从天津港乘坐的该船,去往日本的船在塘沽停靠。现在去往大连的船在大沽港停靠。由于通行不便,我乘坐的船成了最后一班,从十一月开始将在秦皇岛停靠。

之所以出现如此不便,乃是因为白河自身日益恶化,疏浚河道也没有取得效果,加之今年夏天的大水,河流迅速变迁所致。因此,截至去年大型船舶都在大沽口装卸,中型船舶可以停靠在塘沽,小型船舶可以溯航到天津,不过即便是小型船舶,也有一部分只能溯航至塘沽,其他船舶无法穿过大沽港,便在大沽口停靠,大沽口非常繁忙,但是到北宁线的塘沽站,必须乘坐驳船划行十五六海里。波涛汹涌时,装卸困难,作为失去港口的天津,建设港口的问题再次真正凸显出来。实际上不止天津,如果塘沽作为港口无法发挥作用的话,只能在大沽口建设港口或是利用秦皇岛港口。秦皇岛可以停靠三千吨级别的船舶,作为港口是不错的。但是说起来该地不是很便利,距离天津有点远。因此,可选择的只有在大沽口建设港口。特别是如果采掘北支那的铁、煤,那就更加需要了。但是大沽口建设港口是困难的,这是因为白河淤积的泥沙,已经在距离港口八海里处形成了浅滩,并在其中逐渐开通了一条通道,这就是大沽口。如果在这里建造供大型船舶停靠的港口,那就必须填埋十海里的海面。为此至少需要一亿元。但是经费支出是一个大问题。因此一直到去年还不过是作为一个方案进行研究。但是由于白河淤积迅速,作为现实问题已经凸显出来。

租 界

没有比此次租界问题给日本带来的影响更加深刻的了。在支那方面,很早就出现了收回租界的问题,德、俄、奥三国早已将租界归还给了中国,比利时也如此做了,英国也放弃了汉口、九江的租界,其他主要租界得以保留,不少都是得益于日本的坚持。这次因为租界问题,无论是天津还是上海,都让日本感到很棘手。此时,日本对于租界,已经到了必须认真重新思考的时候了。对于此次事变,外国租界给日本带来的各种麻烦,我们试举在天津的两三个例子看看。

由于外国人被困在租界内的异常事件,而使日本遭受不便的事例实在不遑枚举。比如支那人在外国租界的庇护下,以此为根据地进行各种活动,但是日本却毫无办法。各种阴谋的大本营也是位于外国租界的安全地带,如前所述被称为小报的小半截报纸,发行了几十种,扰乱人心。这些报纸全都是在外国租界印刷、发行的。而且支那之流的所有谣言,虽然不知道数量,却是每天都在传播,其源头也都是来自外国租界。在外国租界的学校,依然对支那人进行强烈的排日教育,这也非常难以处理。在外国人的教会当中,也有为支那人祈祷,诅咒日本的事情。

邮局、电报局、电话局都在租界内,日本人的信件被拆开,发电报、打电话也都非常不方便。住在外国租界的日本人,每寄一封信都必须到日租界,邮件也必须到日租界去取。电报从日租界拍发,实际上很麻烦。由于被困于外国租界,无法接受日本方面的邮件和电报,让人觉得无从下手。

租界内还居住着很多支那不法之徒,他们坏事做尽。昔日军阀争霸时代,这里是军阀官僚失意者的集中地,是他们计划东山再起的地方。国民党员大都了解此种弊害,现在则成了谋划抗日的巢穴。尽管如此,现在租界居住者还有不少旧军阀和官僚,支那人所称的贪官污吏、不义之有钱人都在此地寻求安身之所,在租界内悠然生活。由于可以自由自在、随意发言,他们的言行非常不负责任,具有一种租界居民的气质。特别不合时宜的是这里犹如日本的昔日庄园,形成了无税区。他们只向租界缴纳一点捐税,作为支那国民,却不向支那缴纳任何捐税。从理论上来说,说句非常不合适的话,国内存在不缴纳捐税的特殊区域,是非常不合理的。而且因为存在纳税负担最重、游民坐食阶级,会增加一般民众的负担,从税制上来说也是非常不合理的。如果能够向租界居民征税,天津市的财政也会宽裕很多。

另外,从社会风俗上来说,租界的存在也决不能带来好的影响。例如赌博等其他弊端就有不少。租界的支那人生活都是美衣饱食,无所事事,因此支那人的子弟多有不良之徒,风纪全被破坏。

此外,在天津和上海,不管是外国人还是支那人的金融机构,都在租界内。如果在租界外,就会依靠日本方面,但是因为在租界内,就会安然不动。从塘沽登陆的军队,接近天津时,因为租界不允许通行而陷入困境。天津车站守备兵陷入孤立而危险的时候,法国也拒绝救援队通过万国桥。海关的管理也成为问题,最近北京、天津治安维持会联合会任命温世珍为海关监督,但是由于海关在租界,握有实权的税务司是外国人,常常遇到难处。虽然和租界没有直接关系,但是往返于天津至大沽港的汽船、汽艇、驳船,全都不挂日本国旗,而是悬挂英国国旗,其他国家的一个都看不到。悬挂英国国旗的船舶,是否都是英国船舶,抑或是支那船,也不清楚。

以上都是发生在天津的真实例子。上海的情况也一样,上海因为在租界内有战斗,这样的问题更加严重,今后更是会成为问题。因此,作为日本来说,如何处理租界,已经到了必须认真思考的时候了。

由于租界的将来和日本、支那、列强三方面都有关系,因此对于这一点我想稍微说一下。在日本方面,以前得到过不少租界的利益,一直想努力确保租界,但是经过此次事变,深深体会到了租界的弊端。不仅如此,更为严重的一个问题是在北支开发日益现实的今天,出现了日本人居住、经营权的问题。现在的租界由于面积狭小,住宅已经占满,没有地方建设房屋,地价也高得惊人,因此工厂等房屋更是无法建设了。日本人能够获得的土地只有租界,租界外没有经营居住权。条约规定外国人有在开港地设立工厂的权利,当然也能够获得土地,但是支那方面将开港地狭义地解释为租界内,因此现在虽然很多工厂在租界外,但是并非合法获得,都是根据支那的办法获得的,并不是法律上堂堂正正的主张。如果对北支那进行经济开发,主要就是矿山和制铁工厂。如此一来,居住营业权就必须扩大到一般地区。

其次,必须考虑的是事变后日本的一般方针。日支原本是善邻之国,不幸发生了此次事变。因此未雨绸缪,乃是有识者的一致见解。为此,日本需要修正以前的态度,进行一个大转换。此时还应该考虑的一个问题是废除不平等条约。租界的撤废当然也就成了问题,日本难道不期望率先实现吗?

下面再看一看支那方面与租界的关系,和国民党以前的主张一样,租界的存在损害了支那的主权,因此从独立国家的体面上来说,收回租界的主权是当然的。第二是以前的租界成了在支那进行政治阴谋活动的巢穴。如前所述,在军阀争霸中,失败的军阀逃入租界的安全地带,以此为据点计划东山再起,由此徒使支那的内争延长。此外,共产党及其他反政府的阴谋也不断在租界内策划。此次事变之中,租界虽然给支那带来了种种方便,但却推迟了东亚的和平,最终反而是害了支那。而且从支那的风俗上来说,损害支那自古以来的良好风俗的恶俗,不断从租界流出,尤以上海为中心。美国周边的放荡风俗传到上海,支那国内有人模仿租界里坐食阶级的子女,并漫延到全国。

另一个是经济方面的问题。支那的新兴产业,在支那持续混乱期间,因为有安全的租界而萌芽。但是支那自身的新兴产业获得今天的发展,早就不再需要租界的庇护,相反租界的存在还成为了障碍。支那的产业正在向内地发展。如此一来,从支那方面来说,收回租界没有任何不利,从各方面来看,必须尽早收回。

最后,我们来看一看列强与租界的关系。最需要租界的是欧美诸国。欧美人在所有的生活当中,还有在行政方面以及基本观念方面,都和东洋人不同。因此在支那的外国人,建造了一个本国所构建的特殊区域,并且居住其中。如果从这一区域出去,他们就会感到非常不便。此外对于治安和其他问题,如果置于支那的管理之下,也会感到不安。但是欧美人来到东洋,想要保持其特权不过是为了一己之私。不能任其如此。因失去租界而遭受最为不利的是欧美人。日本因为和欧美人的关系,万事皆有利。

关于租界的撤废问题,应该采取何种方法呢？这是应该大力研究的问题。其主要内容如下：

一、支那应该收回租界的主权。即国家固有的自主权。但是看支那方面以前的做法，主权的收回要在适宜的时机，努力收回利益。租界收回时,首要的目标是租界内的权利,对于租界的设施可以不顾。

二、各国通商的本意在任何时候都不会忘记。为此,从事国际贸易的外国人,其经营居住的安全不能失去。因此,在支那的外国人经营、居住的安全就成了问题。在支那人的租界收回运动中,不是正确地收回主权,而是包含有不正当的排他性观念,租界收回可以被视为驱逐外国人。不用说这种观念从根本上来说是错误的。因此,租界等地方,只要从外国主权下的特殊区域,变为外国人的居住地就行了。国家主权当然属于支那,作为特殊风俗和环境下的区域,村镇应该拥有的自治权随之而来,应该尽可能给予居住者以自治。

作为实际问题，天津的善后处理并不是大问题，麻烦的是上海。由于上海战线大大拉长,近来上海全市成了日军的占领区域。此时麻烦的是外国租界。关于上海,应该慎重进行特殊研究。

北支的复活

北支那眼下紧急的问题是恢复因洪水和战争所改变的北支一带的常态，远离世间纷扰,繁荣北支那的各种计划,还有很长的路要走。如果这些不能完成的话,北支那就不会有生产力和购买力,报纸上的报道,所说都过于乐观了。

此次洪水是近年少有的，而且支那兵切断了河堤致使河水泛滥，更是扩大了灾难，加之棉花等作物正处于重要的开花期，连日的降雨，会使根部完全腐烂。

天 津

事变前只有千名日本人的北京，现在登记的有四千人，实际上已经有一万七千人至二万人。天津的在留日本人长期在六千人左右。但是北支问题发生后，增至约一万人，事变后急剧增加，现在有二万五六千人。当然在领事馆登记的非常少。市区没有了事变当初所见的混乱，已经比较稳定。

天津的日本色彩也日渐浓厚。有名的中国饭店必须提前预订，外国租界的西餐馆，也逐渐被日本人所占据，外国客人被驱逐，甚至在外面贴上了纸条，上面写着"有日本酒"。西洋人的旅馆，也配备了会日语的服务生，车站也配备了招揽客人的日本人。

工商业的恢复并没有超过此前看到的情况。工厂也多少有所开工，但是没有在日本所想的购买力，即便要求迅速扩张也没有用。总之前线还有战斗，日本的新闻报道多少有点出风头。一旦过头就会有人认为北支是宝库，怀揣一攫千金之梦前来。

货币方面，联合准备银行设立，新的纸币已经印刷，但还没有开展业务，本来是二月一日开业，二月中旬，下旬，三月初，中旬，由于支那方面发生种种事情，日本方面着急也没有办法。支那方面，准备尽可能延长旧纸币的回收期限。日本金和银元的汇率也暂时任由市场决定，准备在两者接近的时候再实行。现在和去年的十月一样，一百日元可兑换法币九十四元，还有很大的上升空间。中央三行之中,中央银行关闭撤退,其发行的纸币本来也不多,但是中央银行券现在作为法币正在平稳流通,我也多次得到中央银行券的零钱。中国、交通两银行与联合准备银行合并,但是北支流通的纸币现在有二亿数千万元,合并并不容易。铜钱现在全都消失了,铜钱票的流通,暂时使用竹篾代替。支那人称为筹码,打麻将时使用。用竹篾作铜钱,将其作为筹码,想起这样的观念就觉得有趣。

于是,我马上喊来服务生,取出竹货来看,竹篾长二三寸、宽五分,上面只印有烧制的银号,这是二钱的竹篾,可能还有四钱和六钱的。通过筹码即数数,进行最后结算的观念,这在币制上表现了出来。支那人默默取出竹篾,没有任何迟疑。流通这一货币的地方有和日本人不同的地方,这里有支那币制的变化,将货币视为一个记号很有趣。

此次过来,我看到法租界和日租界的防御设施都撤掉了,可以自由通行了。但是法租界与日租界、支那街之间还没有通电话,日租界和支那街的电话,日本方面可以接收,但是由于英租界的电话局还没有动手,这里的电话局依然处于国民政府的管理之下,由于通过电话可以掌握外国租界的情况,因此电话局之间也完全不能通话。

第三次访问北支

五月十一日,我从东京出发,踏上了事变以来第三次的北支视察之旅。此次恰好处于徐州会战之时,我到达天津的十六日,徐州攻略战也获得很大进展,京津方面的军队运输也告一段落,因此天津大致平稳了下来。趁着我军战线集中的时机，支那的残兵败将很是跋扈，给我后方联络线带来了麻烦。到达北京的第二天，由于徐州陷落，其后开始恢复内部治安。对于徐州陷落，北京也不再骚动，而是极为真诚地表示了祝贺。如果过于期待徐州陷落，就必须再次感受一下南京陷落后所看到的景象。

法国与英国

在天津，我仍旧住在法租界，和日租界仍旧不能通电话，很麻烦。日本方面想要开通，但是英法方面不同意。日本与英法租界的对立一直持续到现在。法租界的态度尤其不好。以前法国对日本不错，日德防共协定签订以后，就迅速恶化了。在日租界和法租界的交界处，事变后用沙袋构建起了工事，北支平稳后也没有撤去，直到今年二月前后才撤去，代以铁丝网，道路也开通了。此次看到又建造了铁板门，堵住通道，和事变后的情况一样，只有电车道和另一个出入口开放，其他都堵上了。从沙袋到铁丝网、铁板，变换了三次，感情却依然难以释放。

英国也和法国一样，不过最近英国还没有法国那么不友好。英国人是现实的国民，富有妥协性。英国在北支拥有开滦煤矿和北宁铁路两项权益。因此，为了其安全，不会采取过于冷酷的态度。例如开滦煤矿，最近就开始明显和日本接近。开滦的煤作为制铁用的材料，也多销往日本，因此不能少了日本市场。最近开滦方面，为了满足日本的需要，更是计划增加产量，据说要从本国增加资金和机械，对日本也大表殷勤。日本方面，一时还计划收购开滦煤矿，也有人怀疑开滦停产背后有日本操纵。日本想要收购却存在资金问题，停产不出煤,最为困难的还是日本,因此现在还完全没有考虑那样的事情。

关于北支的产业开发问题,铁路、港湾、矿山的设备等至少需要十亿资金。该如何办呢?可以让支那方面出现货,或者只利用支那的资金,但是日本应该出的资金和材料也很多,开发难以迅速推进,因此应该吸引外国资金和材料的想法也有很多。对于这一点,利用英国的资本就成了问题。

天津租界

此次来天津,我看到的变化是在英法租界周围布满了铁丝网,各条道路都被封闭,只有七条主干道,由我军进行严厉警戒。据说来到这里,日本人和中国人乘车下来时,对行李都要进行严格检查,并盘问其要去的地方,我来的时候只有这个盘查,但是警戒依然严峻,我居住的房屋前面,日本方面的铁丝网和法国方面的铁门相对而立,附近看不到人影。每天在这七个出入口接受盘查的人,有数万甚至数十万,这是非常辛苦的工作。消息已经传到日本的租界封锁,实行起来并不那么容易。

恰好上海租界也成了大问题,实际上是租界问题开始变得严重起来。新政权的建立、币制、抗日运动等所有问题,都是租界所造成的。特别是在如今的时局下,租界最大的弊害是临时政府建立已经一年了,支那的民心却一点都没有变化。租界的存在就是一个重要的原因。支那人的死心、不顺应大势也是因为租界的存在,他们对于时局的认识没有任何变化。这一点,比较北京和天津就能够明白。北京近来已经稳定,但是天津依然充满怪异的气氛,就是因为租界的存在。通观天津的外国租界，我们能够看到和日租界相比，反而呈现出了繁荣。租界的存在是困难的，只是因为是国际问题，如何处理好呢？这是一个麻烦的问题。

日租界现在的一个苦恼是住宅难问题。从外国租界撤回的日本人，从内地过来的日本人，双重增加，使得日租界内的住宅极度缺乏，也没有地方可以建设新的住宅，现在不要说空房子了，就是出租房也全都租出去了，没有一间空房。因此，租金高涨就不用说了，三十元左右的房子已经涨到了一百元左右，一不小心都进不了天津了。这样的烦恼，北京也是一样。伴随而来的则是一般物价的高涨，也是自然而然的了。去年以来的煤荒依然严峻，不过由于煤价实行统制，还维持在十五元的低价。

市里以三月一日为法币回收截止期，此后法币将完全消失。二月二十日，法币对联银券曾贬值一成，后又贬值三成，四成。市价方面法币有点高，一千元有十几元的溢价。从市面消失的法币，出现了非常离奇的现象，那就是既无法交换也没有市场。究竟为什么呢？被市里的人囤积起来了，或是考虑细致预先进行了信托，多数都被带到了农村。在城市，联银券的流通在一点点扩大，现在已经有一亿四五千万元了。但在农村，还没有流通。特别是在日军势力还没有达到的地方，如果持有联银券就会被怀疑，一不小心就会被处罚，或者让其兑换法币，将人集中起来，这样的纸币会变成什么呢？马上就会被烧毁。结果只能认输。带去南方的也有不少，有兑换外币的，也有兑换金子的，这是因为金子的市价高。因此，如果治安更加良好，联银券的流通也会更加顺畅。

此次发生的一个变化是以前联银券的十元纸币和一元纸币大小几乎相同，于是出现了特别大且长的特制钱包，现在一元的纸币变得很小，但还是长条。货币问题不是那么简单就能实行的。

租界封锁

　　回到天津一看，暂时缓解的英法租界封锁又开始了。租界周边已经拉上了铁丝网，柱子也是水泥制的永久性建筑，外侧有拒马，用木材做成十字形，并配有铁丝网，双重铁丝网将租界完全包围。另一方面，从日租界到意租界的白河之上正在架设军事桥梁，如果完成，即便无法通过法租界的万国桥，也可以经过意租界从日租界到达车站。有传闻说这个军事桥梁一旦建成，就会完全封锁。围绕租界问题，天津市出现了相当紧张的局面。

　　但是大致来说，支那人对日本人的感情在一点点增加，正在出现好转，但可能是表面上的。在骚动的租界内，多少有些变好。以前参加临时政府被视为卖国贼，现在也没人这么认为了，大家也都没有那么多顾虑了，表面上一般还是会表现出悲愤。每天都能在报纸上看到抗日的文字，走到街上看到的也都是抗日宣传画，现在都没有了。多少变好也是这个原因。因此，经过十年二十年，就会有点眉目，问题是不允许那么悠然而行。这也是对支政策的难点。桌上的好办法可能有好几个，实际能推行的方案却没有，无论问哪个日本人，都没有一个好方法能够执行。我也在考虑各种对支政策，并决定离开北支。

　　沿路所见，有的地方麦子已经出芽，去年秋天丰收，今年可能也不错。只是治安还未改善，铁路也没有运输能力。如果治安和交通能再稍微改善一点，民众也就会回来了。

天津的水灾

天津的水灾比社会上传言的更为严重，据说是八十年未遇的大洪水，这也是天津租界有史以来的大洪水。北支正在建设之途，由于天津是其中心，其影响也就不容忽视。

北支方面的气候，雨季没有降雨，干旱令人苦恼，过了雨季进入谷物成熟期以后，又突然连降大雨，特别是上游的察哈尔、山西方面雨水多，其河水奔流而至河北平原。关于天津大洪水的原因有种种传言，街谈巷议，现在介绍一二。

天津的洪水自古以来只要水到了天津附近，就难以预防。保定附近的安新县建有千里堤。从清朝开始，直隶总督的事务主要是外交和白河治水，为此而占据重要地位。根据多年的经验，如果能在这里预防洪水，天津也会提供帮助，经常会派兵持枪保护千里堤（堤上可以并行两辆马车）。也可以进行恶作剧似的射击。但是发大水时为了堤防，其内部的安新县就会被淹，因此每次洪水到来时，县知事都只能血泪俱下的悲惨感叹。要想拒绝则需要总督出面。所谓为了大虫只能杀了小虫，对于县知事的叹息，也只能是充耳不闻。于是县民中有彪悍者，在县知事的默许下，身上带着绳子、面粉和粟，躲过值班士兵，潜入水中一点点挖土。饿了就吃涂在身上的食物。如果涂粉的话，即便受到士兵的射击，子弹也打不透，多少让人觉得奇怪。总之，成功破坏了堤防。由于有这样的典故，这个堤防是绝对不能动的。但是县里的人都不明白，县知事抱怨说为了这个堤防，他受到大家的批评，于是他就骗大家说已经切断了堤防才完事。支那方面闻听此事感到非常吃惊，便招来县知事予以训斥，并由河北省建设厅长向北京的临时政府建设署长报告，不过这些都是秘密进行的。

因此，我想稍微介绍一下受灾者所说的洪水实况。虽然有洪水迫近天津的报道，但是看往年的情况，大家都认为不可能，因而有些疏忽大意。在民团的报告中，虽然提到水进入了天津，不过只是和大沽的海平面持平，不会超出其水位。于是大家认为洪水高度不会超过地板，即便有意外也没什么大不了，实际上洪水完全超出了人类浅薄的认识，比预测的高出了很多，居留民全都遭到了突然袭击。

洪水到来之日，警报器紧急响起发出警报。与此同时霎时间满天乌云，大雨倾盆而至，日本人都非常吃惊，三十分钟后突然又晴天了。大家稍微安心外出一看，一点水都没有来，流经日租界外侧的运河之水，十分钟时间增加了五六寸。我想河水已经满了，这次要溢出道路了。果然不久水就进入了房门，并逐渐淹没楼梯，流到了床铺上面，床铺有几尺高，我上了二楼。也有人家在门口堆积沙袋防水，但是洪水还是一点点渗透进来，而且又从下面冒出了水，十分钟二十分钟后已经没用了。其次在房屋门口构筑沙袋，同样也是十分钟后就被冲破了。对于自然的力量，些微的人力是没有任何作用的。与其进行这些笨拙的抵抗，还不如顺其自然。日租界对面的法租界，看到日本因封锁租界，反而把自己给淹了，自然有点得意。还专门到租界的边界线观看，不少人都充满冷笑。不过一两个小时之后，他们就看到有几个地方开始向法租界渗水，不久水位就和日租界一样高了。英租界也是如此。由于进水会发生危险，大家都切断了电灯，发电所也没用了，夜里一片漆黑，只能用蜡烛照明。水管要是在二楼就好了，没有二楼的地方或者在楼下居住的都不行。其间由于频繁发生火灾,有人因无法逃出而被烧死,也有人虽然逃出去了,却溺水而死。民团和领事馆也有两三天无法进行救援,这都是因为这次水灾是突然袭击。有人抱着电线杆子求助,也有人的房屋倒塌了,必须首先对这些人进行救助,无法顾及一般家庭。有二楼的当然好了,但是住在平房的人由于没有住所,只能到有二楼、三楼的家中避难。在那里又发生了悲剧。厚度只有九分九厘的三层建筑,由于附近平房建筑的日本人、支那人突然涌来,避难者达到了三百人。由于浸水,房屋下面塌了,玻璃也碎了,三百人被埋在了砖瓦和水中。在这个倒塌的房屋上面,难民又过来居住。这样的悲剧还在另外两个地方发生过。支那人多在屋顶上避难,由于支那的屋顶是用泥土建造的,因屋顶倒塌而溺水者也有不少。租界内也有死尸漂浮,市外到处漂着棺材,白河更是死尸遍布。根据临时政府的调查,支那溺死者达到三四千人,实际人数不知道。日本人可能也死伤不少。现在洪水有所减少,但是经过半个月的努力,并没有太大变化。

  天津洪水所造成的损失是非常严重的。天津是北支经济的中心,而且趁着北支经济建设的热潮,日本工商业者大举进入。由于洪水来得急,说大家过于大意了,还不如说从日本来的人根本不知道支那的洪水情况,各商店,大商品动不了,小商品又非常麻烦,洪水何时到来也不知道,由于收拾商品就不能卖了,因此几乎所有的商品就这样被冲走了。逃出来的人只剩下身上的衣服。天津的工厂多位于天津下游的低地,机器安装以后就无法移动。被水淹了三个月,机器全都报废了。其中有些机器被逐步转移到天津,但是也有报废的,建筑也有不少损害,现在还没结束,但直接损失已经达到四五亿了。

十九、天津通信录

山本实彦(1885—1952),日本鹿儿岛县人,日本大学毕业,曾任《门司新报》《大和新闻》记者,1915年任东京每日新闻社社长。1919年创办改造社,创刊综合杂志《改造》。该社还出版了63卷本的《现在日本文学全集》。1930年从立宪民政党当选众议院议员,战后建立协同民主党并任委员长。1952年去世,1955年《改造》杂志停刊。主要著作有《政府内部人物评》(政府研究会1909年)、《我观南国》(东京堂书店1916年)、《支那》(改造社1936年)、《支那事变:北支之卷》(改造社1937年)、《大陆纵断》(改造社1937年)、《凝视兴亡的支那》(改造社1938年)等。

本文节译自山本实彦著《支那事变:北支之卷》(改造社1937年版)第3—30页。

长城丸

（一九三七年）七月二十九日，长安丸在大沽被击中，天津东站发生火灾，日租界遭到袭击等各种消息，通过无线电频频传来，我们所乘坐的长城丸的船客开始动摇。要求推迟一天再入港。希望看清天津、大沽的形势再决定。现在到达塘沽观察，万国桥已经被毁，天津日租界也无法进入了。这样的消息在门司停靠时就高涨起来。但是，我毅然决定乘坐此船出行，我想利用三个小时的停靠时间，到这个非常熟悉的门司街区去看看。早晨就开始下的细雨还没有停，沉闷得让人难以忍受。长城丸抛锚的地带也没有汽车和人力车。于是，我让伙计雇车，又跑到理发店，爽快地理个发，然后想在船里休息会，并从门司的停车场找来了三四份报纸。其中里面插有今日的报纸号外。据此能够清楚了解到，天津的巷战非常猛烈，我警察第一分署被抗日保安队包围，大沽开始被我海军炮击，宛平城失火，通州也正在激战中。在这样的激战之中，我突然闯了进来。用一支笔将炮火记入信中。有朋友笑话我说总喜欢干这么冒险的事情。我自己也必须完成几件大事。当然也有全体社员的期盼，我兴奋地穿越在京津危险之地。

船里清一色是咔叽色的军队工作人员。因此，离开神户和门司码头时，有很多打着日之丸旗前来送行的人。尤其是在门司，在港口停泊时，很多船上的人异口同声，举手挥旗高呼万岁。在这样的骚动之中，我感到心中有一种久违的异常感动。尤其当我看到、听到正在装运煤的姐姐们挥舞着漆黑的双手高呼万岁的情景时，我都感动得要落泪。其后在下关，我看到在房顶和堤坝上，有老人、孩子在雨中挥舞国旗。这个事变,已经激起了我国的国民感情,已经成为大众的事变。名为事变,实际上犹如战争,大反响在各地让人热血沸腾。这是我的感想。

当晚过了十一点,我和船长K及S少佐在甲板上聊天。但是并没有谈及天津、北平的战斗。S少佐是军医,满洲事变之后,那里霍乱非常严重,要进行预防注射,可是……盛传是毒药……因支那人的恶意宣传而陷入困境,但还是挽救了成千上万的病人,获得了四等勋章,他向我讲了这些。我感觉有战争的地方,必然会有流行病。

离开神户的那晚,即十八日夜里十二点开始由于出现浓雾,我们的船一直在嘟嘟鸣笛。房间热得难受,我一个人在黑夜里来到甲板上逍遥,由于白色浓雾,夜晚连星星和天空都看不到。而且前后都有警笛频繁鸣响,船已经无法前进了,只好停泊。好像是松山港,海员拼命向深海前进,二十五米,二十五米,进行报告。变成了一个朦胧的可怕世界。和前方已经没有十间距离了。很早就听说过濑户内的浓雾可怕,航海中遭遇停船,我还是第一次遇到。危险……让人感到迫在眉睫。面对这一危险,全部船员都在彻夜劳动,一等船客则是白河夜船。我们船的警笛声此时变成

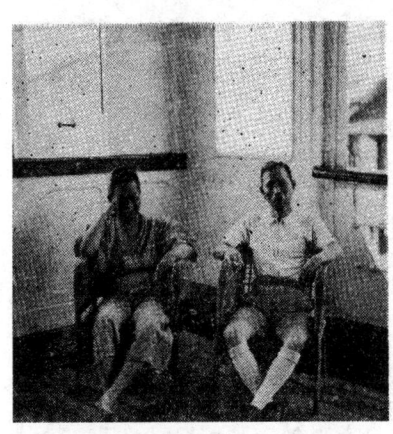

作者在长城丸与朋友合影

长城丸

了警钟。时间虽然短,但是警笛的声音变得嘈杂,而且其声响包围了我们的船。船头、船尾,左舷,右舷,到处都是可怕的嘟嘟声响。船客也都渐渐从梦中醒来爬了起来。一个好像是美国老太太的人,穿着睡衣,眼睛都变了颜色,来到甲板上。昨晚妻子等人为欢送我来到镰仓时,名越山上的明亮月亮,在松间发出非常美丽的光芒。但是,今晚,天空和大海,犹如别处,全都是令人不快的白色浓雾。令人窒息的时光,过了三个小时,四个小时,还是如此。我心里期盼着耀眼的朝日出现。

船长 K 是个非常温和的人。通过这个人,能够了解此时北平、天津动向的一个侧面。由于船上少有北平、天津的重要人物,我经常抓住船长聊天。我们依靠在藤椅上,无拘无束地漫谈,当然多是无聊、没有价值的谈话,不过其中也有陆地上难以听到的奇异故事。我想从这样玉石混杂之中拣出宝玉。此外,听他谈起自己漫长的海员生活、航海生活,也非常愉快。但是,在船将要到达山东半岛的前晚,由于担心天津战况,乘客们战战兢兢度日。一等客人、二等客人、三等客人都紧紧抱住广播。从这天夜里十二点开始实行灯火管制,船里一片漆黑。大家都非常不安。

三十一日黎明,风平浪静,天气也转好。再过几个小时,就到山东半岛海域了。面向东方静静祈祷。上午十点左右,K 突然来到船长室。K 说今天还无法在塘沽登陆。今天早晨七点在附近一定会遇到同僚船长安丸,从昨夜就进行各种照会,但是现在没有一个信息回复。据我所知,情况可能是长安丸还停靠在塘沽,无法卸货。其后,另外两三只船的消息也不明。因此,不能让近三百人的乘客登陆如此危险的地区。而且还有五十名左右的天津的小学生正好同乘……结果,他说只能在秦皇岛或大连登陆,非正式地征求我的意见。于是，我提议和一等、二等、三等船客的总代表集会讨论。这个提议得到赞同，总代表在一等舱集合。在集会上有各种争论，但是由于不可能在塘沽登陆，不得已只好说在大连登陆。其后，综合广播、无线电的信息，清楚知道了可以在塘沽登陆，但是无法前往天津。天津的女学生等三五成群躲在船内一隅，伤心不能回到天津的自己家中。

塘 沽

八月一日上午十一点，我们乘坐的长城丸，溯航白河，到达塘沽。两三天前，敌军还占据这里为争夺平津前线而战斗，我海军陆战队精锐部队于二十七日基本将其清除，其后陆军深入内地继续追赶。但是，如果从这里再深入一里到农村，就会发现他们在那里挖深壕固守。现在京津、津沽间的客车也全都不通了，附近一片死寂。我们的长城丸到达大沽港即白河港口时，我驱逐舰在此欢迎。总之，据说昨晚也有空隙，长城丸实行灯火管制，在暴风雨之夜急航。不巧，该夜电闪雷鸣非常激烈，很多时候都被误认为是空袭来了。现在来到这里一看，我几艘驱逐舰正气势威武地停泊在这里，人们留下了欣喜的泪水。对着列队舰上的水兵士官，我们高呼万岁。将士们忽然听到祖国人们的声音，也是非常高兴，挥舞着手，高呼万岁、万岁。

到达塘沽首先听到的是天津站前累累死尸被抛弃的情景，然后是冀东政府的首府通州发生了类似尼港事件那样同胞被虐杀的事情。而且给我说起这个来龙去脉的S先生，其所雇佣的十名女佣也都被虐杀了。其原因很多，兹不在此叙说。但是，对我方持有同情的冀东政府保安队，在反叛后却做出了此种暴行。其长官殷汝耕君现在好像潜伏在北京的某个地方。夫人等人觉得过意不去,闭门不出。

从河口溯航白河到塘沽的途中,敌军的炮台被毁,兵营被炸毁,惨淡之景象,近在眼前。如果继续降雨,就会漂到对岸的大沽(一百三四十米宽的白河,我们在塘沽),敌军所在的低矮民房,沿河绵延几千家,灯火熄灭,一片黑暗。我们的船只航行逼近了手榴弹就能够到的各家。如果是平常,其民房就会传来混蛋的声音,并且屁股朝外。今晚则一片漆黑,犹如死人街。好像人们都隐藏起来了。如果驱逐舰不一直发射探照灯并进行警卫,马上就会遭到手枪、手榴

塘沽车站

日军占领大沽造船厂

弹的袭击。这条河所流淌的水,犹如在足尾矿山下流淌的可能含有毒气的泥水。看着泥土建造的房屋,溯航在泥河里,让人心情颇不爽。到达塘沽,由于列车不通,我们这天白天和夜里都无法登陆。况且登陆也充满危险,更没法参观。车站有铁丝网和沙袋,以防敌人靠近一步。这天夜里几只驱逐舰彻夜用探照灯警戒。几个小时后,我们的船在退潮的地方露出船底,出现倾斜。因此,在船中行走也变得困难。

前往天津

八月二日,我搭乘军用列车从塘沽出发。泥水两岸是并排的杨柳,看到色彩渐浓,深感夏天日益临近。没有吹拂绿叶的微风,列车的将士、马匹看上去很热……啊,热……擦着汗,愤怒于通州虐杀的士兵、军官,大家全都说想要飞往天津、保定。最初我与很多士兵坐在一起,但是大队副官过来说让我去大队长等人的车厢,我就坐在了那里。这些炮兵军官由S大队长率领,今天从大连出发,第四天进入天津。我对S的长途之旅进行犒劳。以S为首,军医少佐、三四个中队长都非常精神。大队长副官看到我的名片时……啊,出去了吗……然后莞尔一笑。那样的年代,在枪林弹雨之中我过来了,确实令人高兴。由于敌人破坏铁轨,今天津塘间的铁路才得以开通,在军粮城的下一站,我们才能遇到来自天津的人。听他们说二十九日至三十日,天津东站仅有五十名左右的军人、宪兵、义勇队支撑,我感到很吃惊。而且,我驻屯军司令部好像也只有很少的人在守护。但是,他们具有以一当百的勇气,守护车站,守护司令部,安全守护了一万左右的居留民二十几个小时,这是一种奇迹。我听到这一战况,都感到战栗。新河——军粮城之间,由于从奉天到北平的客车脱轨,五天前翻倒的残骸还原样横亘在道路上。车头粉碎,窗玻璃、车身也都粉碎,清楚

天津义勇队

地表明那晚的残酷瞬间。距离车身二三十米远的地方，柳树背后丢弃着烟头和箱子。我军士官看得入迷……他们就是躲在这个树荫后面等待时机，有人如此说道。我也不能不怀疑丢弃那个烟头的人究竟是敌人还是同伙。但是，躲在这个柳荫下，瞄准火车的车头灯，当我想象映照在他们眼前的黑暗情景时，我觉得今天的热气也突然降低了。周边都是犹如昂昂溪附近那样的泥沼、湿地，到处都是掉进去就出不来的深沼。

平常从塘沽到天津，大约一个小时就能到，现在的军用列车，每一个车站都要停留一个多小时。而且每个车站都停着长长的货车，车上满载我军的大炮、军马。只有三四个小窗户的货车，几十个士兵闷得上气不接下气，与大绿头蝇一起坐在粮草上，被蒸得直冒汗，非常可怜。坐在我旁边的一个中尉苦笑着说，货车上装寿司，只在支那有吧。我想最晚十点之前也能到达天津，但是过了十一点、十二点，还没有到达。军队还打算在天津做午饭呢，左看，右看，仔细观察铁轨而行的轮机员，其眼神和痛苦的神经，绝非我们所轻易能想到。我从旁边的中尉得到了约二十个小压缩饼干，咯吱咯吱当午饭吃。虽然没喝一点水，但压缩饼干全都咽下去了。日俄战争时，我在东京当苦学生，买军用饼干碎片度日，想起了昔日难忘之事。当时确实是一天只花五分钱。那时候可以随便喝水，但是现在

日军轰炸天津

却没有水喝,也没法洗澡,更没有茶,只能啃压缩饼干。我们乘坐火车时还可以动笔,因此还可以忍受。我想士兵们就可怜了。好啦,说起战争,如果肚子不能填饱,那就无法进行战斗。

车　站

到达天津站,大约是下午一点。车站没有人力车,更没有汽车。加上电信不通,没有人过来接我。我从神户给旅馆拍发的电报好像他们也没有收到。车站附近的便衣队员尸体,还没有收拾,到处都是,扔在那里都已经腐烂了。让我不由得想起了关东大地震。不管是敌人还是朋友,都要死得有尊严。例如彼等虽然冥顽不灵,我也不会想要去踢开尸体。民族间的争斗以死而终。没有战斗力、冷酷无情,对于他们的尸体,我也觉得可怜。无法蔑视死尸的心理,是我大和民族持有的一个崇高思想。尽管如此,法、美、英等国人对于死尸(因为是东洋人?)却是面不改色,嘿,这儿有两具,那儿有三具,那是被什么武器杀死的,脑子已经……等等,他们非常冷静地查看。我看到这些,感到他们内心所具有的东西,是和我们完全不同的。难道他们认为黄种人比白种人更加可恶吗?对于死人的同情和敬意,应该是从高到低。其道德的背景、依据,不管是哪个国家或民族,都应该对死充满虔

天津东站前

诚。有时候，我觉得作为人类应该从更高的思想境界去思考死亡。但是，现在则是从民族和国家出发来看待死亡。即便如此看待死亡，对于死后的尸骸，我们还是应该从人类的观点来对待，即自己从小所怀有的所谓恻隐之心开始抬头。这就是自身形成的东洋型热情的迸发。不过,在当地对于我同胞的死,还有人说要全歼我同胞,听到这些话时,我仰望日之丸旗,心中涌出凛凛勇气。心中燃起了御旗之下而死的决心。我想在御旗之下,无论是饥饿,还是被杀,对于死亡都能从容就义。因此,对于此次的渡支之行,在人们看来充满好奇,于我自己来说却是一点都没有觉得特别。毋庸说是近于满足的微笑，被隐藏在了自己的某个地方。幸运的是赋予了我坚强的体格和健康。因为有了这个赋予,想以民族之死而守护的东西，则必须以死前进,我安静地书写。我现在的心情,如果亡父知道的话,一定替我高兴。自己是军人,但孩子却没有成为军人,父亲作

被轰炸的天津东站前的便衣队住所

何感想呢？如果他知道我今年驰骋于这样的街巷,戴着257号从军记者的臂章,和几万士兵一起挥汗如雨地工作,我想他是能够会心一笑的。现在,在我面前有数百名年轻的武装士兵,在炎热的大地上,没有铺苇席,突然坐在异乡之土地上挥汗如雨。看到这样的情景,我会无条件地和他们共度艰苦。批评和利益都丢在一旁,我想

年轻的同胞、年轻的士兵要一起挽手前行。

无论是车站正面的广场,还是铺设的道路,都被染成血红一片。而且不论是正面的民房,还是后面的人家,全都被便衣队占据。他们在附近呐喊。我方的人数加上非战斗人员也只有五十人。因此,必须防守宽广的正面和后背。遭遇的命运简直就是不拿出百般武艺就无法夺回。当时,只能是宪兵每人提着一个石油罐,进入敌群之中,向房屋放火。其胆量和勇气,好像瞬间要将同伴和敌人吞没。站前的各家因为炸弹的破坏而只剩下残骸,剩余的建筑到处都是机关枪的弹痕,惨不忍睹,非常凄凉。我方的中佐司令战死,少佐也死了。在这个新的民族血痕面前,年轻的士兵们默默坐满一地。

临时浮桥

万国桥

此外,到达天津的第三天,我们再次去车站附近参观。他们的尸骸大都已经被收拾干净了。而且在他们被烧的柏油路上,一把珍贵的带血青龙刀和其他凶器还散在那里。M拿在手里说:"……这个好啊……可以带回去当特产……"S则提醒说,携带那样的凶器,可能通不过万国桥，M苦笑着将这个难得的特产又投进了原来的骨灰之中。我们眺望被破坏的各家时，从插着美国旗的两辆汽车上跳下两名好像是美国人的人，不断记录被破坏的房屋情况和损害程度。不知道是谁委托的，可能是作为什么问题的材料吧。

话题稍微回溯一下。到达的当天，我拖着疲惫的双腿，不住脚地从天津站往指定的T旅馆走，但是由于中途万国桥不通，没有办法我只好渡过日本工兵临时架设的军桥。那里有日本义勇队和日本士兵把守，对通行的人进行身体检查。一个士兵对我说，"……通行还是危险，白天出行也要特别注意……"T旅馆以前我也住过两三次，我想好歹还可以，便带着提包走了大约两英里，到了那里才知道已经满员，无法入住。因为明天早晨川越大使一行也要出发，只能自己想办法了。T旅馆换了老板，我自己认识的老板、老板娘都不在了，我也无心再行交涉了。

参观南开大学

八月十五日，在K参谋的带领下，我前去参观了南开大学的废墟遗址。这个学校我以前参观过一次。还见到了这个学校的总长，并与两三个教授一起吃过饭。

这个大学是个教会学校，在天津是具有一流设备的学校，和北京大学一样，是北支数一数二的优秀大学。特别是该大学的图书馆，是花费二百万元建成的，最近几年间该大学的学生和年轻的教授成了抗日的中坚，这也可能是事实。此次事变，南开大学是抗日分子的中心、根据地也是不能否认的。因此，可以说我军进行轰炸也是不得已的措施。

从某公司眺望起火的南开大学

K参谋一边说:"我们和这一带有非常深的关系,"一边向我们详细讲解木斋图书馆、思源堂、秀山堂附近被轰炸后的遗址。这些漂亮的建筑都已经被烧毁,化为树叶微尘。我看到建筑以外的地方还有两处落下了炸弹,炸出一个直径约六尺、深约五尺的大坑。看到这些建筑化为灰尘,能够让人知道炸弹的威力有多大了。对此,K对我说:"……实际上支那的飞机能从三四千米高的高空扔炸弹,这里的轰炸是从一千二百米的高空投的炸弹……"投下这么多炸弹,我看到只有这两颗投偏了,让人觉得我军的目标非常准确。

南开大学废墟之一

南开大学废墟之二

我们首先来到思源堂①的废墟前面。这个建筑是由袁述之及洛克菲勒基金团援建的，几乎可以说是北方最好的理科礼堂。如今被彻底摧毁，面目全非，内部的器械也全都没有留下来。有一个词是归于死灰，我觉得完全可以形容这里。有名的图书馆是卢木斋捐款修建的，但是我看到在这个图书馆的屋外被弹出的珍本碎片，已经被风吹散了。我在想应该带回去吗？但是我害怕遭到报应，便将这些碎片拾起来，从破玻璃窗子投了进去。

然后，我看到这里还养着很多漂亮的金鱼。其金鱼可能有几千条，名为青鳉鱼的支那金鱼大约一条能卖几百元，但是由于二十九日的事变，这些可怜的金鱼也应该体验到了焦热的地狱。而且在这么多金鱼盆里，那些漂亮的金鱼已经死了三四条了，漂浮在盆里。

K参谋："哎呀，真是可怜！"

于是，他喊过来守备队长，命令马上用煮汤的盆子，倒换一半水。听说南开大学被轰炸后，养金鱼的支那人也都悄悄躲了起来，后来他们又进入这个园子，两三次给金鱼盆添水。在自己不知生死的紧要关头，还能做这些事，这是我们日本人所难以想象的。后来我还见过在天津事变最严重时，大家都放弃贵重财产逃跑时，也有支那人带着自己饲养的小鸟逃跑。

高凌霨

高君是天津政界元老之一，曹锟任大总统时担任国务总理，我八月十六日在上海自治委员会的简陋建筑内遇见过他。那里没有

---

① 这里所说的思源堂，应该是科学馆，思源堂当时并未被日军炸毁。

武装卫兵守护,这里是上海最大的办公处,但是我怎么也想不到这里犹如空房。我在那里和他谈时局,闲聊。他说日支要想真正合作,最需要的是修订教科书。即从民国的教科书去除排日内容。他说这是交给我们的一个大课题。他甚至断言蒋介石必亡。对此,他说起来毫不犹豫,不假思索。对于这一点,我能感到他确实是一个有信念的人。

高凌霨

他身材高大,悠然自得,有所谓"支那大人"的模样。他现在正极力主张将冀察和冀东合为一体,并在那里创建新的政府。他说这首先要从地方自治着手。他不能说日语,但是他身边带着心腹人物孙润宇,帮他料理一切。孙的职业是律师,是一个在天津不外露的政治家,日语非常好,是一个诚实男人。他以前担任国务院秘书长时不过五十四岁,正年富力强,现在担任总务厅长的要职。

我向高询问他担任国务总理时的大总统曹锟的现状,高说:"……啊,曹先生很好,已经七十七了,现在经常画虎……"曹好像已经超越了雨读晴耕的境界。虽然有点老,但是只要在天津生活,就表示一种存在。但是,他自己好像认为还年轻,哪里都可以去。说起画虎,在北京的吴佩孚则是经常画竹。吴之画竹、曹之画虎,在京津社交界非常有名。和曹相比,文人之栋梁、担任大总统的徐世昌,比曹年长四岁,也有一个风格,那就是在天津以读书为乐。虽说是读书,能够想象到并非只是翻翻书法之书。但是,由于高比徐、曹等人年轻几岁,显得红润健康。不过相对于七十七岁,只能说是年轻几岁而已。我认为他们每个人都不要去想威压，为了所有河北人的幸福之路，他们应该有一个根本的指导方案。

香月将军

三日上午，报社的 M 陪我到司令部，访问香月将军，这是我们的第一次会见。我觉得将军耳垂大。我想起了九一八事变后，我到奉天访问本庄将军时，旧友本庄非常亲切地对我说了很多事。那时候，本庄满脸微笑，但脸色有点发青。香月气色非常好，而且态度悠然……从远处就能听到你说辛苦了……他微笑着问候。而且……不是，总之这是没有援兵的战争……他开始说起天津包围战。其后……冀察的主政者完全没有信用，张

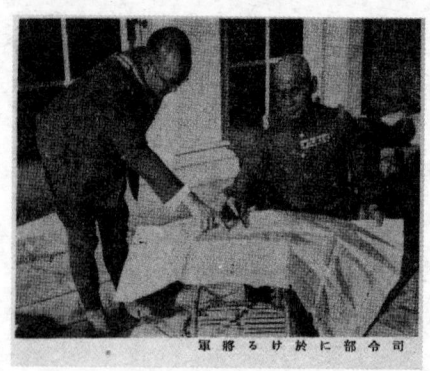

在驻屯军司令部的香月司令

自忠还在南苑、廊坊及其他地方煮汤给我军喝。通州真的是令人遗憾，完全没有想到作为朋友的保安队会叛变……对于他们的虐杀，露出遗憾的表情。对于张自忠和冯志安等人，也谈了三四句。然后……本来我来到这里并没有怎么见到支那人，和宋哲元也只是十八日在天津偕行社见过一次。和池宗墨最近见过三次……说这话的背后是痛恨他们的不信不义。张自忠现在是天津市长、北平市长、河北省主席，初次见面我觉得他是军人，是一个单纯的人。此次事件中进行抵抗的与其说是冯治安的部下，不如说是张

自忠的部下。冯是地道的河北出身,张是山东出身,受到冯玉祥的赏识,成为三十八师师长。对于此点,冯治安也向冯玉祥大力推荐。张从热河之战开始成为抗日名将。香月两三次说道张的不守信用,很是头疼。这个温厚的将军,虽然嘴上不说,但我能感觉到他心里是充满愤怒的。军队的援兵已经到了,我预料最近将非常活跃,不过大部援兵好像暂时还没有到达。不过……今天轰炸南口,他说道……说起来很悠闲,简直像是在说别人的事。突然觉得这个将军像是战场上的大山元帅。不过,他是一个比大山英俊的美男子。大山即便听了我们的谈话,也只能是哈哈一笑,可能会让我们不得要领,但是香月不是那样。他有非佐贺人的一面。如果要说非常相似的人,可能是西伯利亚事件当时的司令官大谷大将,不过稍微有点瘦。不过,隐去了比大谷更锋利的一面……不说了……这些话在谈话中有两次都泄露了。如果里面没有强硬的东西,这话是说不出来的。看起来柔弱的人,其实内心可能是强大的。对于数字和全局观,我和这个将军没有时间讨论了。

战争之街

夜晚的天津,灰暗且危险。即便是见缝就钻的支那车夫,也不愿意拉我们。到达这里的第二天晚上,我出去拜访一个人,如果想要途中乘车,他们或者说还没有吃饭,或者说不能去,都是一副爱答不理的神态。之前我不知道去过多少次支那、满洲。像这次这样他们不点头哈腰的很少。比任何国家的国民都趋利的他们,出现这样的态度是因为什么呢?我虽然有点生气,但是他们却非常爱惜生命。汽车还是没有,T旅馆有两辆,但是我入住的Y旅馆一辆也没有。其他旅馆也没有。不仅如此，由于物资缺乏，蔬菜等都难得一见。

尽管如此，有一天晚上，在犹如上海的南京路那般繁华的花花世界法租界，全都是支那上流社会、中产阶层的人在避难，如果从犹如灯灭的日租界走一步进入这个街区，其平和与绚烂令人炫目。街上是一袭华丽的女人在漫步，紧邻的街上则有战争，便衣队让人害怕，夜里也难以安心入睡，两处反差很大。四日中午前后，我和M、S一起去法租界看看。完全如传闻的那样，非常繁华……两三天前，这里还没人想通行，见到日本人，要么怒目而视，要么谩骂，听懂支那语的人，通行时不堪忍受……我的朋友如此说道。幸好我不懂支那语，可以心平气和，在同样危险的直视下悠然漫步。但是，由于此地是市内交通的主干道，从车站通往日租界必须渡过万国桥，日军在车站因小人而陷入千钧一发之际，法国官宪竟故意刁难不让通过。我先遣部队和法国方面一时剑拔弩张。而且误传支那人在南苑和廊坊获得了大胜利，法租界举行了提灯游行，支那街区放了一晚上鞭炮。发生了如此令人发笑的事情。法租界和前往的法国人向支那方面表达善意，可能是受日德、日意关系的影响。作为没有任何目的的小冲突，我记录了下来。而且在这个战乱期间，意大利人向我们表示出了很大的善意。

我入住的大和旅馆，一个房间被塞进了三四个人。当然并不只是我的房间，大部分房间都是如此。如果有遮风避雨的地方，还会增加，没有亲戚朋友而怀揣一攫千金之梦进入战争之街的胡须男，由于没有住宿的地方，每天转来转去的也有不少。不过，只有那么具有冒险精神的健康之人，才能适应独具特色的生活方式。在一切顺应大势的情形下，无论是党派还是团体，最终都会自灭，个人也是如此。只不过,如果觊觎支那人因战乱逃走而留下的空房子,并占据那里不走就非常麻烦了。我来到天津,今天是第六天,但是电话还没有通,也没有汽车,胶皮终于开始慢慢出来了。

　　……只要有钱……天津的街区让人有这样的感觉。支那街区的富人们为躲避战祸到法租界,在这里悠然自得地生活;另一方面下层人士则拿着蒲团露天生活。而且一旦下雨,就更可怜了。支那人分手时忌讳下雨。我们从天津第二日本小学校的屋顶遥望南开大学新的废墟遗址时,在小学和中学的中间地带人山人海,犹如云霞汇聚。这就是住在支那街区的中下层人士的避难情景。他们就这样在毒辣辣的太阳照射下生活,下雨时也无处可去,只能留在原地避难。真的非常可怜。而且在第二小学屋顶烧焦的地方,也有我国士兵赤脚休息。他们的手脚都肿起来了,还脱皮了。

　　忘记日子了,可能是八月二日,支那发生了少有的地震。由于是二十年来没有的大地震,京津一带的支那人……日本的军人……大家都相互说地震来了。无论是多么强大的日本军人,也无法知道地震的到来。支那人甚至是一百人之中有九十九个人不知道有地震。我国人都说对生活在支那的人来说这一点好像是幸福的。

　　由于听说八月四日夜天津有大规模的空袭,当局全部进行灯火管制。不过,日租界的人们并没有那么害怕。我只是放下了窗帘,彻夜借着烛光写稿。我从二日至六日,为了给《改造》写稿,一直称病躲在房间内工作。尤其是有一天有些腹泻,只能喝蓖麻油。此事却在国内被人夸大误传,很多人都关心我的病情,让我很是过意不去。翌日仍旧实行灯火管制,但是最终并没有见到敌机。不过法租界每晚都有便衣队出没,令日本人烦恼。在灯火管制的庇护下,我用烛光工作了两晚。承旅馆老板的好意,给了我一间非常凉快的房间,让人很是高兴。但是那个房间就在水沟上方,到了晚上会有很多蚊子袭来。因此需要点两三根驱蚊香才能写稿。在蜡烛和驱蚊香的混合气味中度过两晚,也不是那么容易。旅馆老板并不是完全的买卖人,而是在此动荡之际富于想象的有趣之人。他骂道混蛋!内心总是充满忧愤,这一点从他的眼神里就能发现。

这样不安的日子大约持续了十天,到了十四日黎明,传来咚咚的鼓声,是有人敲着大花鼓在市区游行。这是日莲宗的三个行者拍打大鼓的声音。听到这个声音以后,日租界顿然归于和平,安静的心情也得以恢复。

恢复稳定后的天津街区

二十、天津的来信

杉山平助（1895—1946），日本大阪市人，评论家。庆应义塾大学理财科中退，1925年出版小说《一个日本人》，并开始撰写文艺评论。1931年开始在《东京朝日新闻》以冰川烈为笔名发表文章，后来成为军国主义者。被世人称为"毒舌评论家"。出版有多种著作，主要有《一个日本人》（昭文堂1925年）、《人物论》（改造社1934年）、《文艺从军记》（改造社1934年）、《现代日本观》（三笠书房1938年）、《支那、支那人与日本》（改造社1938年）、《扬子江舰队从军记》（第一出版社1938年）、《文学与生活》（有光社1942年）等。

本文节译自杉山平助著《支那、支那人与日本》（改造社1938年版）第211—218、373—393页。

从大连到天津

(一九三七年)十月二十二日,阴

天还未明,天津丸抵达塘沽港。

但是由于昨天出发晚点,加之夜里雾重,不知道时间,白河由于退潮而变浅,已经无法到达塘沽码头。意味着在下午四点左右涨潮到来前,必须停在海上,多么无奈的港口啊!

在北支,除青岛外没有一个像样的港口。而且青岛因为装运河北、山西的铁和煤,加之距离铁路过远,运费加在一起,也不合算。

犹如横滨之于东京,塘沽对天津来说,也是一个必须要建设好的港口。但是最近由于白河的疏浚效果不大,塘沽港的情况更加恶化。

这个彻底的大改造,有各种方案,有二亿元的,有一亿元的,还有七千万元的。我觉得可能会着手进行一个接近中庸的方案。

雾大,根本没法眺望。

我们在白浊的海面和灰色的雾霭包围中度过了半天。

昨晚,在这艘船上,我听说有三等船舱的一名支那妇女投海自杀,留下了一个婴儿。我为了看这个孩子,去了三等船舱。

这个孩子可能还不到一岁。犹如我们经常在支那古画中看到的一样,只有额头上留点头发,周围都剃光了。他穿着蓝色毛线上衣,条纹内裤。带着一副善良面容的中年支那妇女,穿着黑色的衣服,正抱着逗他玩,并用勺子喂他吃着什么。

婴儿露出微笑,两只手伸到前面,趴在那个支那妇女的肩上,踩在她的脚上。

我看到她两眼含泪。和支那这个巨大的国民所面临的苦恼相比,这个渺小孩子的命运等事情,几乎无法计算在内。尽管我们在支那听到有百万人在洪水中溺死,但也绝不会为此而哭泣。但是看到眼前这个孤苦伶仃的孩子,我还是禁不住落泪了。

个别事情给人的压力,绝不能轻视。艺术的力量主要依存于这一象征性上。

我去了事务长那里,交了一笔钱,作为婴儿的牛奶费。

从水上署员听说此事的Y君对我说:"您啊,支那人是在寒冬时将自己的孩子放入笼中出售的人种。你以日本人的心理来看待他们,是错误的。"

Bah!这么小的事情真是嘴碎。我自己该做什么呢,我非常清楚。我以前绝不给乞丐钱,但是最近我在口袋里准备了零钱,施舍给支那人或白俄人。

不给乞丐钱,伟人所说的,他具有以更加彻底的手段救济民众的信心和能力。我没有那样的信心,因此我不想学伟人。吝啬的慈善家,我天生吝啬,是率性而为。

下午将近五点,天津丸终于到达塘沽码头。

陆上,穿着土黄色衣服的军人正在忙碌地工作。有人挥动手绢,他们就挥手作答。相互之间是一种怀念。

宪兵进入船中,让人觉得靠近战地的感觉愈加浓厚。

从塘沽到天津的火车,一天有时一班,有时是两班,和平常一样,我相信多少钱都会有人出,船中的说法纷纭。现在很明显只能说绝对不出去。而且在塘沽,没有收留我们的旅馆。不仅如此,天津丸是军事运输船,旅客只不过是就便搭乘而已,因此今晚不能宿泊在船上。如此一来该去何处呢?男女共两百几十人难道要露宿吗?

终于雇来了一艘法国汽艇。虽然需要花费八个小时,但是深夜在白河溯航,好像我们在夜里会被天津所抛弃。

汽艇的船籍是法国,驾驶员却是支那人。蜿蜒起伏的白河两岸,还有败退的残兵出没。途中万一出现什么情况怎么办呢?绝对不能下船,但是也有人不听。

有人对满铁的实力颇为自负,有人则说自己和军阀有关系。

我背后没有任何势力。考虑到万一情况,我是以朝日新闻从军记者的身份来的,这是我本人的愿望,也是为了能以最少花费前往前线。没有在这种情况下可以显摆的东西。

因此,我只能默默地和没势力的三等船客一起,换乘汽艇。从大连去天津的船上,还遇到两名艺妓以及她们所携带的几名女佣,还有几名朝鲜妇女。汽艇七点与天津丸分离。天津丸上还留有很多人。

他们在风中拼搏,迎着风沿着幽暗的水路前进。这是我后来从在天津遇见的 I 君和 Y 君处听到的。

溯河而航的汽艇上很冷,大家都冻得受不了,于是全都躲到了船舱。不过我准备了御寒之物,便在甲板上休息,并迷迷糊糊睡着了。这晚没有月亮,天空阴暗,在阴暗的淡淡光线里,两岸的景色看上去一片模糊。

每过一二里,就能看到两三人家的灯光,还有狗在叫唤。

溯航一段时间,令人恐怖的洪水在两岸并排的树木和大堤上映出微弱的光。据说这是三十年一遇的大洪水。

靠近天津郊外,水中浮现出黑色城郭的模样,如果问那是什么,就会有人回答说工厂进水了。即便到了天津码头,我们也必须蹚水而行,令人心中不安。

不过,天津市区距离河岸还有两尺远,和洪水相对而立。

将近四点,汽艇到达大连汽船的码头。我们非常担心且恐慌地反复询问别人,终于有迎接我们去宾馆的汽车过来了,我们住进了法租界的交通旅馆。

马上洗澡,洗去满头的汽艇煤灰,洗澡水变成一片漆黑。

凌晨五点,我上床休息。

八点起床,好像被人群殴一样,全身酸疼。不过,我还是愉快地走出旅馆。灰色的天津早晨,出现在我面前。

十月二十三日—三十日,我滞留在天津。

天 津

天津的秩序已经完全恢复。

法租界和日租界的边界,道路上还堆着沙袋,并拉着铁丝网,两侧有公(保)安队员把守。只有主干道允许通行。前辈告诉我们说,夜里还是不要去外国租界的好。最初我也不敢外出,但是逐渐变得大胆起来,到了夜里二点左右,我一个人独自去了英租界和法租界闲逛,并没有感到特别危险。听说便衣队和南方人主要躲藏在外国租界,聪明的他们,不会轻举妄动。

在狭窄的支那街,汽车出现故障,有时也会被支那贫民充满敌意的眼光和谩骂所包围。我也有一次和军人一同乘车,前往西站查看洪水的情况,在通过满是群众的狭窄街道时,多少感到些紧张气氛。

我在天津一直奔波,从早到晚,会客,拜访,考察南开大学、兵站医院及其他场所,其间还到回力球场、咖啡馆及支那人的妓院游玩。连给人写封信的时间都没有。

我甚至还会见了回教运动的指导者和朝鲜义勇军的首领。在如此环境下,我贪婪地工作,即便在天津呆上半年,也并不能完全知道我想了解的东西。

旅途长,时间短。

犹如梦中惊醒,三十日我依依不舍地离开天津,前往北京。

政治经济工作的中心现在终于开始从天津向北京转移。报纸的通信局在天津呈现出一种闲散,编辑们则转移到北京。

尽管如此,天津还是在异常的躁动中沸腾起来。

外国租界的旅馆,也因受到以前北支整体衰微的影响,几乎都陷入了衰退。我下榻的交通旅馆,所有的设施都在诉说着它的极端衰败。但是因为此事变,日本人蜂拥而来,他们终于又缓过气来了。

据堀内领事说,居留民加上旅行者,其人口推断约为事变前的一倍。在日租界经常能够看到士兵的身影,在外国租界日本人也如洪水一般涌现。

天津街区

旅馆也都有了日本经理。英租界名为乡谊俱乐部的高级舞厅，之前根本不允许日本人进去，现在则有欢迎日本人的意思，在酒吧可以使用日元和美元。在此地卖票的舞女也有日本女孩。拿出日本的百元纸币消费，找回来的零钱则是支那银行的纸币。如此不讲理的洋鬼子到处都有。

当然一般外国人，对日本人都是充满冷淡。如果无视日本，在天津就无法生存，这样的想法开始暗暗在他们之间出现。

从英文报纸的报道，我们某种程度上能够感到他们对日本的冷淡。我向堀内领事询问关于此事的对策，他如此回答道。

路透通信社，在经营政策上具有尊重其通信局本部设立国家意向的倾向。因此，如果在支那设立通讯局，其通讯就要注意支那的利益，本质上并不是排日的。而且英文报纸，来自同盟的都重视路透，并都将其放在首位，这样必然容易出现对日本不利的情况。但是因为是外国租界，每次都无法提出抗议，即便日本的报纸发表排英的报道，英国也没有权利要求马上予以禁止。

因此，现在收购了英文报纸中不怎么繁荣的苏格兰人经营的《华北每日邮报》，在报道中采取积极的攻势和辩驳战术，我见过这样的朝鲜人。

极端排日的大公报、益世新报已经倒闭，庸报还有势力。

不管如何，局部地区，日本在各方面都已经转入攻势。

因此，我在赌博场回力球场吃饭，拿出百元纸币兑换到中国银行发行的纸币九十二元时，就感到非常生气，如果向本地的报纸投稿，说在保持如此汇率的地方，如果绝对禁止日本人出入会如何呢？这是我所考虑的。

回力球正在大力吸纳日本人的金钱。如果日本人不去，其应该会遭到很大打击。像交通旅馆一样,甚至连酒吧都无法营业,至少会让它有若干妥协。在如此繁华闹市中万人环视的事实,是具有非常大的影响力的。虽然这些都是细枝末节,但是民众对浅显的东西却是充满兴趣。

由于上海战线的扩大,当天就涨到八十五元五十钱,第二天又跌落了。但是在上海方面,好像并没有发生这样的动荡。这也说明在北支,日本的攻势更加支配了民众的心理,对于浅显的东西不再那么漠视。

战胜国的货币,为什么比战败国的货币便宜呢?寺内司令官提出了这样的疑问,也让幕僚感到困惑。据说有这样的传闻。对此,我们也随便说说。

受到香港的英国银元的影响,支那的军费也以超出日本想象的速度在增长,这是他们的强烈感受。这也是我所获得的证据之一。

我还询问过一个支那通将军。

"每个士兵所需费用,日本和支那是十比一吗?"

他回答说:"我没有听说过。"

我们要想真正心情舒畅,必须等到克服这个不利条件,以日元压倒美元,英国受到痛击之日。

总之,天津已经骚动。

作为天津军的驻屯地,还是各种北支政治运动的策源地,之前每次去受到的小震动只是经验而已,现在发生了过去在任何情况下都不会发生的根本性的大变动,震撼了天津。

从某种意义上来说,这对很多人来说是一个幸运之局。

金价如潮水一般跌落。商人们只好尽力存储。西服等价格约为内地的三倍。女招待怎么样呢？她们在为是否制作新的和服而烦恼。

"对从内地来的人说，请带过来吧！"

"自己携带的东西终于到了。此外还需要什么呢？"

对于普通旅客来说，火车和汽船的作用，都下降了一半多。

官宪极力防止除此之外的外部人员流入。但是有钱的、值得欢迎的内地人不容易过来，从满洲过来的无法谋生之人，却非常轻易地过来了。从内地过来困难，从大连过来就非常容易，这都是大家的经验之谈，我敦促领事注意。

幸运并不只是光顾商人。报纸经营者、记者以及对政治运动有野心的人，也要进行安抚。

内地的新闻工作者、撰稿人前来北支探寻，想在此地召开座谈会的迹象非常明显。

因此，在这些同道中间，深受心胸狭窄的圈占地盘的想法刺激。

各地都因别人的恶言、分裂和极小的警戒心而缄口不言。对于来自外部的人，他们只从能给自己带来多少好处的想法，来决定是欢迎还是反对。

他们以前都是未曾谋面的农民，现在充满大书特书的明星气，不得不说他们失去了心理的平衡。商人有时候也说所有人都应该储蓄。但是，在政治运动和媒体当中，获得最终果实的只是极少数人。

总之，这个奇异的现象，在恢复到常态前，只有能够摆脱困境的人才能立足。但是我不知道这一天什么时候到来。

我能够想象到军队离开之后的反动寂寥和不景气。但是那时候开始了新的经济工作，工厂劳动者填补了空缺，还多出了很多。

现在，天津北京间的夜行列车还没有开通。

我认为天津有不好的地方，带着这种先入为主的观念来到了这里，暗中的激烈则吸引了我。

我在通州还见到了暂时屈服并最终逃出来的冀东政府大官的夫人。我询问了女人们在天津被袭击时所受到的冲击。

但是由于战胜了，大家全都忘记了。

在天津，女性还是不多。而且夫人们都很懒惰。殖民地固有的现象，好像在居留地也出现了。

防共——自治

日本实行普选，预想到澎湃的无产党会出现，犹如雨后春笋，和各种无产派、各党、各团结成时的情形相似，现在的北支也有防共自治运动。想要靠近政权的人，都知道除此之外别无他法。

互相争吵，互相挤压，互相碰撞，出现了各种自治会。大家到处张贴宣言，召开大会，联合，分裂，散布谣言，离间破坏。

这样的自治会究竟有多少呢？如果询问熟悉情况的人，如果将各种小的乱七八糟的自治会计算在内的话，据说超过了十个。

也有日本指导的。而且还都是一些无赖、叛徒，且有争执。我去了支那人对立的两个不同自治会建筑里观看。到哪里都有危险，不能疏忽大意。

不过，这一现象也显示出了北支那新政权的动向。

我想如果无视华北人的自治精神，具有安定力量的新政权终究难以建立。

例如，治安维持会被视为官方的，会见天津市的委员长高凌霨时，他也一直说自古以来的传统，就是村、郡所积累起来的自治组织。驻在北京的喜多少将,也在二十八日的英文报纸《中国泰晤士报》上向记者发表了声明,他说近来要建设的北支新政权,必须在尊重民意的基础上建立。我读到了这样的报道。在会见天津的海军武官室的久保田大佐时,作为大佐的个人意见,他也认为将来的理想政权应该是存在于自治体的团结之上。

不论张三李四,都在呼吁防共,进行自治。在支那,自治的精神就是现实的精神。国家的体面等并不是问题。社会民众的安定是首先要重视的。但是在支那,现实精神就是动物性的生活能力。例如日军入城,为了自身的安全,他们马上会手持日之丸旗表示欢迎。他们虽然表面坚强,但是伴随着现金的到来,他们就会完全脱离现实,不顾自己的力量,在观念的空想或理想中奔走,慷慨悲歌之士还能发挥力量,我们能够看到他们这种分裂的奇异国民性。

将来的支那,南北问题是重要的问题,在这里都已经显现了出来。

天津市的治安维持会,在之前社会局的建筑内办公。我访问这里的时候,天气还有点冷,宽广的院内空荡荡的,没有一点精神气,很明显可以知道没有从内部涌出的力量。

会长高凌霨看上去很健康,也是一度担任过总理大臣的勤奋之人,但是根本看不到其前进的魄力。

他又说起南北之不同,于是我说道:"您自己也说是北方的。但是我听说维持会之外的干部也有很多南方人。听说事变前在北支,学校和官厅也都是南方人占据重要位置;事变后的今天,相似的问题,在众人瞩目的治安维持会中也在上演。"

"北方人中也有排日家,南方人中也有不排日的人,不能一概而论。维持会因人而用。"

那么,南北的差异就没有意义了。我进而插话说:"如此就好了,但是在维持会的干部当中,据说还有人与南京联系。我想可能是流言,你觉得有这种倾向吗?"

我听说过这样的情报,那只是维持会的一部分干部,通过英租界的银行,向南京运送金子。

我心中暗想,只是如此的话,并不令人诧异。

高会长的回答很简单。

"我还没有听说过这样的事。回来好好调查,如果有的话,一定严肃处理。"

这完全是昔日大官的口吻。

支那自古以来的自治、现实精神,乃是因为平常重视生活的安定,从根本上来说是老人式的,但是不能忽视劳苦大众。

因为和那里的顾问日本人E氏有亲戚关系,我被拽到一个自治会,就日支关系做了一个小时的演讲。

城内狭小蜿蜒的街区里有一个富贵人家的邸宅,里面就是其本部。我在那里见到了百名左右的干部。

我后来毫无顾忌地批评了E氏和会长张致忠,并说老人太多了。只顾自己利益的小市民特别是商人多,没有无产阶级。如此一来就无法得到飞跃的发展。不过这些人都是空想家,寄希望于此,是不行的。

这样的自治会,到处都有,指望他们逐渐如雪人般团结起来,最终统一北支,只能是梦想,现在是无法让人相信的。虽然相互之间有少量的互入会员,一万,五万,向山东方面发展,绥远也是如此,大家相互争夺起来。

这些自治会背后的势力是天津的有势力者，我和这些人得以聚餐，多得益于E氏关照。

其中有一个名叫刘大同者，不知道是具有头山满那样地位的七十岁老爷爷，还是前督军，或是有势力的富豪，在我眼里，这些人都不是新时代的人物。

这些不平家、谋略家和日本的支那浪人，都具有任何时候都让人迷恋的才能。但是所有人都有部分缺陷。他们头脑简单，在心理学上容易被看透内心，总是满不在乎地喋喋不休。

"真是遗憾。为什么军队要对这样的人充满好意并使用呢？"

"人都有缺点。时间一长，所有人都会离开。"

"用钱诱惑？"

"是的。"

这样的谈话，我经历过好多次。谁从冀东政府得到了几万元钱，谁获得了哪些利权，相互之间都在争夺这些。

因此，老人是不行的。还得放眼于青年。

华北青年党的干事长，代行总裁职权的是刘绍琨。我被邀请去他家吃晚饭。他是北宁铁路的外交部处长，也是天津治安维持会的秘书长。

我在治安维持会的本部和高凌霨谈话时，他在旁聆听，于是他邀请我到他家吃饭。

支那衣衫包裹着他那瘦弱的身体，我感觉他的举止犹如蛇一般。他是一个白净的青年，粗框圆形眼镜后面是一双细长而清秀的眼睛，非常有神，一看就给人一种机敏而帅气的印象。

他在老前辈高凌霨面前，旁若无人，滔滔不绝地向我讲起来。

他住在气派的邸宅内。从门前所停汽车的位置来看，可能是自家用的；也或者是公务车，但可以随便使用。

头脑灵活，经常能提出好建议。如果正视支那的现实，对于主张日支必须合作的看法，让人确实能感受到。

"但是作为支那，有一个最小的要求。如果日本不能给予理解，将支那视同朝鲜来对待，两国国民的感情肯定难以永久融合。"

据说他生于旅顺，毕业于明治大学。

防共是最近流行的话题，但是有人坚持认为这是自己最先提出来的。我在天津甚至见过两个这样的人。

但是，事实是德国纳粹党兴起之前，在支那已经出现了青年党的运动。刘绍琨痛快淋漓地骂道，我十几年前就加入了这一运动，绝不是现在才混入。

我后来在火车上遇到坂西中将，向他求证这一点，他证实道："确实如此。"

但是，张学良转移到西安，日益受到国民政府的挤压，刘君也不知不觉间对这个运动不再关注也是事实。现在正在进行复兴运动，但是并没有辞去公职，还兼任治安维持会的秘书长，也就是说他只是业余时间来干，这也是事实。

在我会见的支那人之中，认为应该打开现在日支间的困局，在理论上努力最多的是他。但是，我本能地对他没有好感。

他没有谈及老年的事情，说的都是青年时代。

作为维持会的秘书长，他说并没有拿到那么多工资。我才知道支那人在这样的国难时代，成立如此性质的维持会，竟然还有钱，真是让人吃惊。刘确实具有战斗力。可能是自我意识强吧。仆人来到他面前，表示要停止交流。可能是神经性的，他的身体不断晃动，脚也喀哒喀哒作响。在将来的北支，他终将会发挥出难以忽视的作用。他是一个地地道道的野心家。

他使用的都是牺牲、义侠这样的词。

总之,现在北支的政党运动,最为顽强、富有传统且拥有会员的就是他的青年党。其他的都过于弱小。他说有从南京来的密使到其家里来,但他没有接受。

从他家中离开,我感觉要吐,向同行的一个日本青年说道:"他不行!"

这可能是一般性急的日本人所得出的结论。因此,我们无论经过多长时间,可能都无法控制支那人。

总之,北支的自治体制非常好,同时也非常麻烦。

如果弃之不顾,没有比这再容易的了。但是要想统制这一自治,无论是谁,都会出现无可救药的混乱。

究竟能形成什么样的自治会呢?还是让我们来看一个完成的事情。

对于经济工作,我会见了几个人,并进行了交流。在天津,关于经济建设,日本青年企图强行推动。但从经济人内部来看,推动力在中坚力量。

但是,已经没有时间了。现在已经是深夜两点了。其后我休息一会,明天还必须前往绥远。

在天津留下一个手提箱,北京也有一个。从明天开始,我要背着行囊前进。

到北京之前,我乘坐的是一等座。从明天开始,只有三等座。如果是两三天的话,只能乘坐货车。我开始有心情并饶有兴趣地体会我对这一缓慢而来的环境变化的适应。

(十一月一日记于北京德国旅馆)

天津来信

我现在在天津。天津已经没有战争,但是还有战争的痕迹。例如,市政府、南开大学,在被日军飞机轰炸的地方,现在还能看到其遗址。也能够看到苦力们正在忙碌地劳动,他们在拾掇粉碎的砖瓦和混凝土碎片。我还看到商店二楼和三楼的玻璃,因为爆炸声而破碎,现在还没有修缮。

但是,秩序已经恢复。街上到处都有士兵,让人明白这里正处于战时。但是并非如此,一般观察者看不到和平常有什么不同。

已经没有大炮的声响了,在这里想听也听不到了。战线已经扩大至几百公里外的前方了。

尽管如此,街上还是到处充满士兵。乘坐卡车疲于奔波,或是牵着马列队前行,既有三五成群步行,也有被称为胶皮的人力车并排,五六个人快乐地参观市区。进入英租界的咖啡馆,就能看到那里也有两三名军官正在一边喝咖啡一边快乐聊天。即便是我们这些外行人,也能推断出这里现在驻扎着多少军队。

现在,在没有战争也不应该进行战争的地方,为什么还要驻扎这么多军队呢?我试着向人询问,一个参谋军官打了一个有趣的比喻向我说明。

犹如看戏剧能明白一样,如果只有在舞台跳舞的演员,那就不是戏剧了。甚至舞台后面的导演、照明人员、大道具、小道具等,其人数远远超过了演员,他们在我们看不到的地方辛勤劳动,才使得戏剧得以完成。如果将战争比喻为戏剧,处于最前线用机关枪冲锋的军队,是最华丽的存在,简直犹如舞台上跳舞的一线演员。但是,如果是这样的大戏剧,舞台背后的大道具、小道具等职员还需要几万人,现在在天津的一部分士兵,如果将其视为舞台背后的道具,我想应该是没问题的。

这是非常有意思的比喻,前线军队的勇气和辛苦也非常大,但是如果不了解或忽视这个舞台背后的劳动,戏剧马上就会变得乱七八糟。

因此,后方勤务在某些时候更加了不得,可怕而重大的情况也有几次。

因此,天津这地方作为寺内司令官的驻在地,从舞台背后导演的策源地这一意义上来说,现在正处于兴奋之中。

而且,支那人此时也遭遇了三十年一遇的大洪水,为躲避战祸,从农村大批涌入这个城市,街上的人很多,各处的人数都超过了银座,即便去稍微狭窄的支那街,也犹如浅草的商店街。扬起的尘埃,支那人的叫喊声,都令人头疼。

物资、支那气质

由于上述原因,物资一时非常紧缺,不但物价高涨,商品也缺乏。即便想买三尺漂白布也没有,这是我在内地听说的。现在逐渐恢复过来了,没有那样的事情了。但是总体来看,各种东西还是缺乏,一流饭店的菜单之单薄,甚至都不及东京、大阪的三流饭店。

进入厕所,你会看到厕所的手纸都是极为粗糙的草纸。但是用起来却是极为柔软,比东京的上等手纸都好使。在日本虽说纸张非常紧张,但是在这里让人感到还没有那么严重。

英租界有一个名为起士林的著名点心店。类似于银座的藤井、不二家，既卖点心，也可以在此吃饭。家具非常漂亮，还有非常古典、优秀的乐队。遗憾的是在东京没有一家这样好的饭店。因此买点心时，包装纸用的都是白草纸。而在日本，资生堂和野鸽的包装纸要想变成白草纸，近期之内恐怕难以实现。

总之，各方面都出现了不自由。

我现在住在法租界的皇宫饭店，但是和日租界不通电话。如果哪一次和人没有联络上，以后几天能否见面也不知道。有时候对方会永远消失在人群中。在东京半天就能结束的事情，在这里需要花费三天的时间。

从内地发送的行李，过了好几天都到不了。尽管说邮件等逐渐恢复了送递，但还是收不到，或者晚了一两周，这也是必须要考虑到的事情。

因此，我们来到这里之后，心情反而放松了。万事都只能根据情况的发展来进行，我们便十分镇静。多少有点担心的是，发往内地的稿子要晚到。

来到支那，有人告诉我说，着急就会受损。现在这样的战时状态，更是如此。

从塘沽到天津，乘坐火车一般需要两个小时，但是我却花费了九个小时，乘坐法国的汽艇溯白河而来。正处于傍晚七点至拂晓四点左右的深夜。我身上裹着毛皮外套，睡在汽艇的船尾，只是打盹，不时起来，在夜光中观察两岸大洪水的情况。

只要看看这个洪水的情况，日本人可能就会被吓得魂不附体。

如果洪水发生在日本，就会警钟鸣响，救济灾民的汽车会如狂人般飞奔而来，贵妇人则会组织慰问团体，连日的报纸也全都会被这样的报道所占据。

不过，在天津市内，人们说的则是哪里有那样的洪水。

而且，天津自身可能不知道什么时候就浮在水上了，街角到处都堆满沙袋，准备紧急时刻防水。

这个洪水是两个月前的降雨所引起的。而且也不知道水什么时候能退。在支那，洪水到来的都极为缓慢，自然水退的也极为缓慢。而且，如此大规模的洪水，在日本是无法想象的。

在飞机上，据从津浦线上空飞来的人说，在约六百米的上空，也有看不到洪水边界的地方。支那确实广阔。能够和这个支那的情感合拍的人，在日本并不容易出现。

日本女性

我是乘坐白里丸从神户来到大连的。从门司出发的次日，这个航路一个大的变化是，不清楚半年内否会有一趟航班起航。我终日躲在船舱，躺在床上看书。

下午三点左右，听见敲门声，一个带着红十字会护士袖章的女子进来，她穿着深蓝色的制服。可能是晕船吧，脸色苍白。不过，她非常有礼貌地站在那里，说是想要我的签名。

我从床上坐起来，苦笑着说："明天早晨给你可以吗？我晕船，已经没有力气写东西了。不过你可真行啊。"

"哪里，我们也都晕船了。我们坐的是三等船舱，位于船的最前面，摇晃得非常厉害。不过我们是过来迎接负伤士兵的，这个船到大连之前必须尽心整理，大家全都是蜷着工作。"

"工作？干什么呢？"

"制作名片，整理名单。"

这一天波涛汹涌，船头上下的浮动有七八米，这是我后来听说的。即坐在船头的三等舱客人，要在两丈多高处不断上下晃动。尽管如此，她们还要继续工作。虽然护士也紧张，但我觉得真是了不起。我知道红十字会的护士是从门司乘船的，但我一直认为她们是坐在二等舱。听她说坐在三等舱，有点受冲击。如果是在英国和美国，护士等人大概非二等舱不坐。

进入战地的红十字会护士，在任何地方都是有威严且不可冒犯的。我偶尔看到她们从大连的码头照顾伤病员出海的情景。

我看到护士照顾脸色苍白憔悴、穿着白色病人服装的伤员，觉得她们真是了不起，深受感动。我过去看了看，发现护士很少，更加感到她们的了不起。

有的伤员可能要被送回内地，有的则在天津的医院接受治疗，然后再出征。

在天津的医院，一身轻松的士兵能再次赴前线，并没有别的人照顾引导，都是各自穿过败退之敌兵经常出没的危险区域，一边寻找自己所属的部队，一边从后面追赶。

即便大致找到了地方，但是由于部队不断行动，即便去了昨天别人告诉的地方，今天是否在那里也不知道。由于是病后之身，到处寻找言语不通的不熟悉的地方，实际上是非常可怜的。

但是，战争从本质上来说本来就是非常残酷的。因此，没有所谓的好心境。没有发生战争那就不说了，一旦发生了战争，一切人之常情都会被抛弃，唯有努力取胜。如果中途出现人情之事，反而会耽误大局。

但是，伤势无法迅速恢复的士兵，如果过于着急将其从医院送到战场，疾病就会复发，要再次送到后方，不过是徒然浪费军队的能量。因此近期对于出院都添加了严格的条件。

负有重伤的士兵逃离医院赴前线等的新闻报道,经常出现在我们眼前。虽然很英勇,但是如果大家都模仿,作为军队整体来说,反而会受到无谓的损失。

事变与日本女性

在满洲和支那成长起来的日本女性,是内地成长起来的妇女所无法比拟的,她们无拘无束,非常开朗,可以说是多姿多彩。

最为根本的原因,我想是因为这里的经济规模远比内地要大得多。

我所认识的一个女孩在航空公司担任打字员。

她问:"月薪多少?"航空公司回答说:"各种工钱加起来,约为七十五元。"

这是工作不到半年的人。这个女士,父母还都非常健康,没有任何负担,收入的七十五元可以自由支配,因此应该可以悠闲自在地生活。

这个人还告诉我说,她希望去东京,一边自己谋生,一边学习。我笑着答道:"嗯,可以去看看。如果一开始就能找到给你三十元的工作,那就非常成功了。你要缴纳房租,要吃饭,还要买衣服。除此之外,学习的费用如何办呢?"

女孩眉头紧锁。一瞬间,她就被以前所不知道的忧愁所笼罩。

日本内地的大多数女孩,一年到头从早到晚,都被这种忧愁所笼罩。那么,时间一长出现与这里的女孩人不同的气质也就不奇怪了。

"战时真是恐怖!"

我在小女孩、男孩和女孩们围着我吃饭时向她们问道。

"嗯,没有那么恐怖。但是炸弹落下来时,确实有点恐怖。"

多人如此回答道。

柔弱的女性,出乎意外胆量很大。可能是与通州的日本人有过同样的遭遇,也有很多人爬上屋顶,观察战斗。对于事情的真相,可以说无知者无畏。但是现场大致如此。

"没有那么恐怖。"二十岁的女孩很自信地说道。

"但是,T子、你,那时候都非常悲壮,曾说该如何逃走?"

好像是母亲的一个人在旁边笑着冷冷说道。这是法租界内一个家庭的对话。

大体上,十五六岁以上的人比较有自制,十岁以下的孩子害怕枪声,如果因为害怕而哭泣就麻烦了。

"我也是假装冷静,内心是悲壮的。如果支那兵进来,在孩子没有被杀之前,只好自己亲手杀了孩子。我当时都有了这样的想法。"

那个夫人说道。

如此说来,日本人还是具有共同的感情。这种心情只有我们日本人才能明白。

我乘坐天津丸从大连来塘沽的途中,夜里发生了支那妇女投海自杀的事情。身后留下一个今年刚刚出生的婴儿。

我到三等舱去看那个孩子。那个孩子正被一个穿着黑色衣服的善良中年支那妇女抱着。孩子笑着,手脚也在不停地摆动。

看到这个孩子,我流出了眼泪。我想为什么不抱着这个孩子一起死呢?将一个婴儿留在痛苦的世界而走的母亲,要比和孩子一起死更加让人感到残忍和冷血,这是我们的真实感受。我想之所以如此,还是因为支那人和日本人的感情不一样。

从出生时,就由支那保姆照顾,汉语比日语说得好的孩子,也从日本人中出现了。尽管如此,日本人的孩子和中国人的孩子还是无法成为好朋友。

玩战争游戏的时候,支那人和日本人很清晰地分为两组。日本孩子有五六个人,对手的支那孩子有十二三人,必定是日本人一方胜利,手持棍棒和竹枪,驱散了支那人。支那孩子非常善于突然袭击。他们会装作若无其事的样子,和泥,然后拿起来藏在身后,乘机突然扔过来。

由于是狭小范围内的观察,我不知道是否各地都是如此,但是大体与其相似,我想这不就是两者性情之不同吗?

大致来说,来这里的人不管是女性还是什么人,民族意识都非常强。东京附近的女孩,少有崇拜西洋人的。天津的一个姑娘曾对我说:"学习英语也让人生气、讨厌。"

在天津,与日租界的贫弱相比,无论是法租界还是英租界,都是非常漂亮和整洁的。因此支那人轻视或蔑视日本人的财力,这也是任何人都知道的。

初入英租界等地方看时,确实非常好。但是渐渐感到冷淡,且变得讨厌。英国等国家的人对日本女性,在英租界内绝对让路。但是支那兵袭击天津,日本人遭遇大难,英国人和法国人一般都认为这是日本人自作自受,他们心情高兴,快乐游玩,这也是事实。因此,现在居留民的感情自然变得生疏,也是事实。

全都是西洋人和支那人,主要去的是英租界内的一家舞厅。那里还有二个日本舞女,我见到其中的一个,好像有一个西洋人正在对她说些什么,正用高跟鞋踢她的脖子。虽然感到有点粗野,但是那种痛快的感觉涌入我胸。她们一边吃饭,一边破口大骂西洋人的无耻。

这是眼界狭窄、充满感情色彩的年轻女性的感想,绝非客观、妥当。但是其所说的,也反映了一部分实情。

支那之女性

支那之国家是男尊女卑,男人只要有钱,可以购买任何女人,而且女人要被锁在家里,犹如奴隶,没有任何权利。以前很多人都是这样的认识。

但是,那不过是肤浅的见解。支那女子力量之强大,超过了人们的预想,今后要以支那民众为朋友,就必须动员女性的力量。这是我们所应逐渐明白的。

话虽如此,即便我想尽力去做支那女性的工作,但是大多数支那女性由于都身居家中,不会被轻易允许和外国人接触,即便想去动员也没有办法。此事如何办才好?我在支那人集中的聚餐会上将其提了出来。

在会上,有一个名为刘大同者,他是韩复榘等人的长辈,是一个超过七十岁的长老,地位类似于日本的头山满,还有不少在天津的支那市民中间拥有潜在势力的人。他们通过翻译听到了我的提问,大家都拍手哄笑。

姓王的富豪回答了我的问题。

"您说的问题真的非常让人忧虑。但是,目前您想要动员支那妇女几乎是不可能的。为什么呢?这是因为支那妇女自古以来礼俗观念很强,要想近期将其从家庭中解放出来,和外国人直接接触,那是不可能的。但是，这里有一个渠道。那就是不如让日本女性动员我国的男性，通过其手和支那妇女联系起来，然后慢慢引导其走出来。"这是王氏所说的要点。

听他如此一说，客人们再次拍手哄笑。在这个席上，由于有很多长老，可以说是一个老人集会。这些有社会地位的老人聚在一起，喝酒谈笑时的精神劲，让我吃惊。

日本的老人全都泰然自若，感觉他们不过是老人之声，装腔作势。这些支那老人犹如年轻人一般，拍手跺地，讨论起来唾沫四溅。我想这样的情景在日本是见不到的。让人感到支那既是老人之国，又是青年之国。总之，是一个充满矛盾的大国。

这个刘大同虽然已经过了七十，但是还有两个十七八岁的小妾。其精力在日本人中很少见，但在支那人中间并不稀罕。

一切都是复杂的，矛盾的，分裂的。

例如，犹如之前谈论男女交往，王氏如此说支那妇女一般都是非常有礼仪的旧式人物，但这绝不是全部。

另外一部分人从家庭中解放出来，剪发、到处奔走的女性，也有不少。

其鲁莽者令人为其脸红，她拜访日本人家，攻击日本女性古板、不行。

如此进入别人家中，解开箪笥抽斗翻看里面，又到厨房掀开锅盖看看里面。如此厚脸皮，终究是日本女性所无法效仿的。

总之，在支那，只看到一面就急忙下结论，是需要非常谨慎的。

附录

天津旅行指南

后藤朝太郎(1881—1945),号石农,日本爱媛县人。日本明治后期至昭和初期的语言学者,被人称为昭和初期"中国通"第一人。东京帝国大学文科大学语言学系毕业,汉语专业。历任文部省、台湾总督府、朝鲜总督府嘱托,其后转任日本大学教授和东京帝国大学讲师。1945年8月因交通事故去世。他编著各类著作达一百余册,主要著作有《文字研究》《支那风物志》《邻邦支那》等。

本文节译自后藤朝太郎著《最新支那旅行案内》(黄河书院,1938年3月出版) 第127—132页。

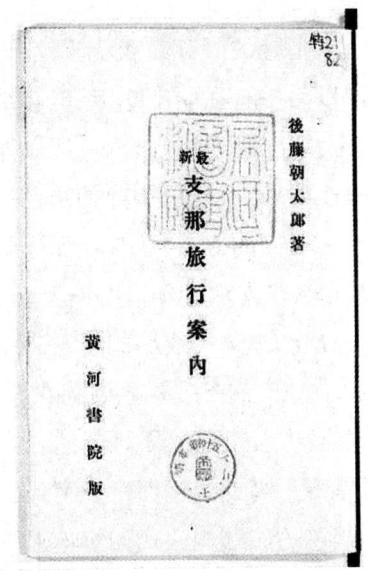

塘沽·天津间

随着轮船靠近大沽,大海开始变浅,因河口吐出淤泥,航路逐年狭窄,现在仅可以通过汽船。因此,投下巨资在天津河岸建筑堤防,但是现在因为淤泥,天津航路还是无法使用。下游的塘沽码头最近也泥沙沉积严重,给停船造成障碍。因此,前来天津的客商都在远离河岸的大沽口抛锚,乘坐小蒸汽轮渡过浊流,在塘沽上岸。

在塘沽码头,近海邮船、大阪商船各自派出职员,接待远来的客人。持有到达天津票的人,除了向其发放乘车券外,还负责照看行李。从这里还可以乘坐支那的火车。第一次来支那旅行的人,由于乘坐的是语言不通的他国火车,此时的心情会非常不安。不过另一方面,内心也充满着对异国风情、情趣的好奇心和希望,心里涌起一股难言的骚动。从门司出发以后一直在船中吃饭,能够结交一些可以说笑的朋友,一路上大家相互帮助,同心合力,所以能够体会到第一次乘坐支那火车的旅途快乐。几十里相连的灰色盐田,河边并排的柳树,泥土建筑的土著居民的住宅,穿着支那服装的贫民农夫,骑着日本产的自行车的摩登支那青年,这些都能透过车窗看到。大陆的风情变化少,几次经过这一线路的朋友一一给我解释。其中有一个看似专业的女老板,正在滔滔不绝地讲解,将男人抛开不管,谈起日支亲善,能够让人想起依靠母系的日本发展的活跃情况。就这样,白河对岸砖厂高耸的烟囱已经突入云端,标志着逐渐靠近天津市区了。灰色的砖结构西式建筑连绵不断,土墙构造的支那房屋逐渐减少,终于到达天津车站。

回来时从塘沽登船应注意的事项

回来时如果想要坐船轻松一点的话,就要在塘沽下火车,为了不出错要将行李和特产收拾好,换乘预订的汽船。

在北京和天津颇费时间,到达塘沽站距离船开行就没有多少时间了,指挥不熟悉的支那伙计和苦力也会误事,往往会找不到贵重的行李。乘船后一个行李都没有到,由此必然会使整只船都忙乱。夜里坐火车在塘沽站下车时,因为疲劳和休息,一不小心就有可能坐过。还可能因为跟随的伙计和行李的失误,而被带到下一站。选择坐船回去,如果不特别留意的话,就有可能出错。

天 津

到达天津站首先要在车站接受检查,如果没有亲戚朋友前来迎接,就只能在旅馆拉客者的带领下,各自前往落脚的地方。

旅馆以常盘旅馆为首,还有大和旅馆、芙蓉馆、松岛馆、弥生馆、玉屋等面向日本人的日本旅馆,新旧混杂。西式旅馆则有泰莱饭店、利顺德饭店等,最近全都因日本游客而出现满员的情况。日本人要认真研究和体会遥远中国的未来,通过一般日本人,从日本旅馆甚至移居到支那旅馆,确实是一个好方法。现在支那旅馆的设备齐全,也有会说日语的服务员,不会感到太多不便。特别是住宿费便宜这一点上,更是没得说的。

以日支事变为契机,今后天津的市区将会面目一新。以前日租界的旭街、曙街、福岛街等周边地区在各种意义上都是日本人非常怀念的地方，大厦高楼鳞次栉比。此外，英租界、意租界则充满欧洲风情，从领事馆前至公园散步所经过的道路也非常整洁，让人心情愉快。俄租界见到的黄金塔在绿荫下熠熠生辉，各国人在此游玩的也不少。

此外在日租界内，以前的学校、寺庙、官衙、民团、图书馆等建筑，虽然和以前相比没有太多变化，但是其他地方以此次事变为界，日益增长的日本势力开始逐渐驱逐英国人的势力，面目为之一新，整个市容也日趋繁荣。特别是支那街区，最为繁华的中心地估衣街周边和战前相比，呈现出更加活跃的气氛。总之，每一只船和每一辆火车，都有很多大和民族之人，无论是日本当局还是军部方面，如果能够严厉禁止一些不好的无业游民渡来，天津将来一定能够得到健康发展，支那市民等中外人才能共享美好的幸福。现在像甲种程度的天津商业学校那样，能说汉语的毕业生只有六十人，而需求量则为一千七百人，呈现出非常好的境况。旅行者在前往北京之前如果时间宽裕，在车站下车后可以访问居留民团，了解天津的大致情况，并进行一次考察，我认为是非常重要的。

原本天津就是仅次于北京的北支大都市，而且和上海、广东一样都是中国的重要港口，不用说贸易非常兴盛，特别是在扼守北支咽喉这一点上，可以说是北支的门户。因此，能够发挥商业城市的特点。但是名胜古迹比较少，日本人来此游玩的地方是祭祀李鸿章的李公祠，夏夜的散步多数首选鼓楼至估衣街一带。

天津有正金、三井、大阪商船、近海邮船及棉花纺织等各公司支店、办事处和工厂。

作为天津特产，闻名于世的是天津木偶和天津甘栗，喜欢美食的游客可以品尝支那最好的鸭料理——烤鸭或吊炉鸭等美味。甚至有人说来天津游玩不吃烤鸭就不能说来过天津。

此外,非常了解天津的人还会自夸说天津的蛋即皮蛋(又名松花)也非常好吃。现在支那四百余地的料理中的皮蛋,又以天津人做得最好吃。

由于我们还能在红灯区看到很多有趣的风俗,因此通过饭店老板分别进行探险也是非常有趣的。

从日本过来的游客或从北京回来的游客,往往因为不熟悉天津的地理,都在天津总站即天津的中央停车站下车,但是从这里到日租界还有一段距离,而且因为这里和日本人几乎没有什么关系,日本游客在东站下车才是方便的。

附录

二、天津的风景

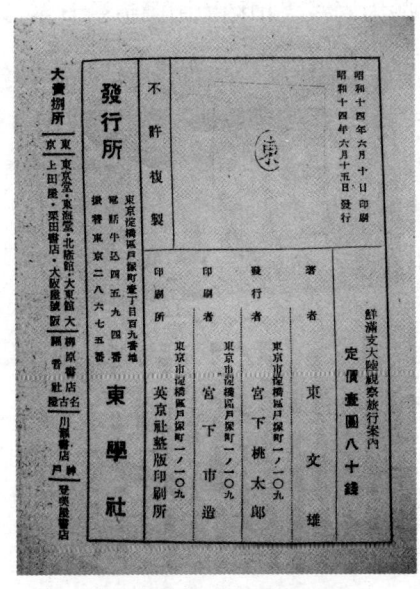

《大陆视察旅行案内》版权页

作者简介：东文雄，生卒年不详。本文节译自东文雄著《朝鲜·满洲·支那：大陆视察旅行案内》（东学社，1939年6月印刷出版）第106—112页。

天津位于北支的入口处。据说天津就是导入天即帝王之府入津的意思,才如此称呼的。因此,它成为通往首都北京的入口。天津有金刚桥,其上游称为白河,下游称为海河。从河口上溯三十六日里处为天津。

天津是一个国际都市。集中了世界上的所有人种,在日本势力所不及的外国租界内,还有各种秘密的享乐。在这一点上,它远超北京,类似于上海。在哈尔滨也有类似的情况。距离北京一百三十九公里,乘坐火车三等座需要二元十钱,位于京山线的沿线。如果坐船前来在运河口有塘沽、大沽港,大轮船能够到达。然后从这里乘坐小船到天津。天津是仅次于北京的北支大都会,人口近一百四十万。和北京不同,它发挥着商业中心的作用,在北支是一个经济和商业都繁荣的都市。近来到达的列车上,都坐着很多内地人,日本人的势力日益充斥天津之地,颇为繁盛。市区由中国街区、日本、意大利、英国、法国各专管租界以及特别区构成,犹如世界各国的缩微展览馆,呈现出一种异样的风景。车站既有洋车也有汽车,汽车到日租界约一元钱,这个快且让人放心。日租界有旭街、曙街、福岛街、花园街、荣街、寿街、松岛街等街道,都非常干净。很容易让人联想到日本势力之强大。外国租界的英、法、意三个租界,各自按照本国的文化特色进行建设,建筑、道路、服装、生活方式都不一样。不管如何,居住在天津的外国人不但有英国、法国、意大利人,还有德国、俄国、美国、比利时等国家的人,再加上英国、美国、法国、意大利的驻屯军,更使得这里具有了国际色彩。交通巡查的服装也不一样。公园则有日本的大和公园、英国的维多利亚公园。法国公园、意大利公园、俄国公园也都各有特色。这些外国风格的公园旁边,有忧伤的女子在驻足发呆。

不过，以前英国的势力很大。这个国家在支那各地大肆扩张势力，从塘沽过来的帆船多是悬挂英国国旗就能明白。白河两岸的仓库也都悬挂着同样的旗子，也能明白情况。

每当看到这样的风景，我就感到英国的野心在这些摇动的旗帜上静静流淌。不过，英国的势力已经开始从天津的街道衰落，代之而起的是日本势力。

从这个意义上说，今后应该大致参观一下天津的市区。而且我还决定逐渐描绘出天津的欢乐街。

大家可以利用出租车、马车或洋车，参观中山公园、估衣街、鼓楼、特别第二区、意租界、万国桥、法租界、英租界、梨栈路回到日租界，如此就可以大致参观一遍。如果有导游相伴听他详细解说的话，那就更加便利。天津大致是商业都市，名胜旧迹比较少，旅游就是参观不同于自身的地方。

去外国租界的酒馆和饭店所体验到的新鲜，与北京相比别有一番情趣。天津也有夜总会。虽然年轻，不过我也见过很多妓院里面的外国女人，她们很美丽。支那艺妓即妓女在南市就有一千四百人，分为一等到四等，此外还有很多站街女。

电影和戏曲等娱乐场所也有很多。支那一流的电影院，英租界有平安影院、大光明影院；特别一区中街有光陆影院。二流和三流的影院也有很多。戏曲等其他娱乐也有很多。最好的是法租界的中国大戏院，二流的也是法租界的北洋大戏院和新中戏院。支那各地都有，在戏曲方面，梅兰芳最具人气。

春秋二季举行的天津赛马比赛很有趣，如果马券能中奖的话，马上就能获得日本内地所无法相信的奖金。喜欢赌博的支那人和红毛外国人相互激烈争夺胜负的情景，不用说非常吓人，但也可以视为人种参观地。

此外,大家还可以去天津名物"回力球"场看看。它位于意租界正中央,为各国人参与的合资公司。选手为西班牙人,由他们进行比赛。如果能够猜中获胜的选手,就能得到各种不等的奖金。和赛马相似,但是比赛方法类似于网球。每天晚上七点左右开始,至十二点钟结束。关于"回力球",上海要比天津兴盛得多。比赛场地后面有食堂、茶馆,三楼还设有酒馆,很有氛围。

下一站是济南,当地的气氛更加浓厚。但是,现在津浦线沿线的列车通行安全,应该能够继续旅行。从某种意义上说,其后才能感受到真正的中国气氛。

天津的主要日本旅馆为:

大和旅馆,日租界花园街,住宿费为5.5—15元。

芙蓉别馆,日租界荣街,住宿费为7.0—15元。

常盘旅馆,日租界寿街,住宿费为7.0—15元。

平安旅馆,日租界旭街,住宿费为9.0—15元。

后记

　　2005年,我进入天津社会科学院历史研究所,因为工作的关系,开始关注天津地方史,并以此为研究方向。自然,资料的搜集和整理便成为必不可少的工作。除了中文资料,外文资料尤其是日文资料,成为一个重点。在搜集资料过程中,我还随手做了些整理和翻译工作。当时,也并没有想到要去出版,只是为了研究的需要。

　　去年八月前后,王振良先生打电话说,要编一套有关天津的丛书,问我是否有合适的稿子。我回答说手头有一些日本人的游记,关涉天津者有不少,应该能够编译出一册《津沽漫记:日本人笔下的天津》。振良先生很感兴趣,说可以收入其中。于是,我开始了这一编译工作。在编译过程中,又陆续发现了一些新的文献资料,最终汇编成这册游记。

　　当然,日人留下的游记、见闻录、日记等各种文字非常庞杂,关涉天津者也有很多。限于本人的能力与客观条件,此次只能先将这些文字编译出版。今后我将继续搜集相关文献,汇编更多的资料集,以为学界研究提供一点参考。

　　本书能够得以纳入问津书院策划的"问津文库"出版,我要特别感谢书院理事长王振良先生。作为学者的王振良先生,不断有佳作问世。更为难得的是,他多年来一直致力天津地方文献的搜集和整理,成绩斐然,深为天津学界所敬重。

　　我还要特别感谢天津社会科学院资深研究员、著名城市史研究专家刘海岩先生。先生治学严谨,作为同事,在工作期间就曾多有受益。在我请求先生为本书作序之时，时间已经比较紧张，但先生还是慨然应允，为本书撰写了序言。

　　此外需要特别说明的是，小林一雄的《天津的两晚》一文，为中央财经大学李炜副教授所译，我只是做了个别文字的修改。南开大学日本研究院的周志国老师、霸州市作家协会副主席阎伯群先生也通读了译稿，并提出了很多有益的意见，在此一并表示感谢。

　　由于时间仓促，加之本人能力所限，书中编译不当之处甚多，敬请各位专家批评指正。

万鲁建
2014 年 3 月